JAMAIS EN CARAFE

Tout savoir sur le vin

Sandrine Goeyvaerts

JAMAIS EN CARAFE

Tout savoir sur le vin

avec

LA PINARDOTHÈQUE

hachette
VINS

Sommaire

INTRODUCTION

SAVOIR EN PARLER

Savoir le choisir

Sommaire

Savoir le servir

Savoir réagir

CONCLUSION

Préambule(s)

La vie, c'est comme une boîte de chocolats :
on ne sait jamais sur quoi on va tomber.

Forrest Gump

EN QUÊTE DE PLAISIR…

Et s'il en était de même avec le vin ? Probablement que Forrest Gump se serait tapé plus d'un de ces détestables chocolats à la liqueur… Car le vin n'est pas un truc comme les autres, et il serait triste de ne voir en lui qu'une façon de se détendre l'élastique avec un coup dans le nez. Que les puceaux de la vraie bouteille se rassurent, on ne leur enlèvera pas leur whisky coca de supermarché pour autant, mais avec le vin comme pour tout, à un moment, il est important de remettre les choses à leur place.
Si, dès l'école maternelle, gamin, on colorie des grappes de raisin et pas des verres de mojito, c'est bien pour quelque chose. En France, comme dans pas mal d'endroits dans le monde, où que l'on se trouve, il y a presque toujours un pied de vigne pour vous faire du gringue. Le vin fait ainsi partie – comme le foie gras, le cassoulet ou feu la moustache de Francis Cabrel – de notre patrimoine culturel.
De mon Sud-Ouest natal, cette vue plongeante sur une gastronomie éprise de viticulture rend le tableau presque parfait. Comment alors ne pas s'enivrer d'un tel paysage ?
Quand on sait qu'une majorité des boutanches présentes sur les tablées familiales sort de l'anonymat sans saveur d'une grande distribution plus obsédée par ses marges que par ses produits, ça fout un peu le bourdon. Non que j'aie un quelconque a priori sur les ambiances pin des landes, PQ et bordeaux à 3 euros, mais avouez que le zinc du caviste du coin ou la fraîcheur d'un caveau rempli de cette passion communicatrice ont tout de même un peu plus de gueule…
Ce n'est pas en me hasardant sous les néons blanchâtres derrière un caddie couinant que j'en suis venu à user mon tire-bouchon avec autant de plaisir

qu'un jeu de cartes en fin de repas. À l'évidence, les raisons se trouvent ailleurs. Des histoires, des rencontres, du vin, évidemment, le plus souvent issu d'une démarche la plus naturelle possible, mais aussi des mots, et bien d'autres choses encore, ont contribué à faire du vin un compagnon de route d'une richesse incroyable. Comme seuls la musique ou les livres peuvent le faire, le vin possède en effet ce pouvoir unique de vous conter des histoires avec une infinie diversité, à la seule condition d'y mettre un peu le nez...
Vous me rétorquerez peut-être que le monde du vin est avant tout une sorte de milieu obscur, un brin élitiste, où l'on aurait droit de cité qu'à la seule condition d'avoir un portefeuille comme une valise à roulettes...
N'oublions jamais que l'immense majorité des vignerons fait du vin pour qu'il procure du plaisir à ceux qui souhaitent déguster. Un plaisir qui ne doit en aucune façon son salut à la seule couleur du billet laissé en caisse.
Le vin, c'est avant tout le partage, les gens avec qui on le boit, avec qui on échange œillades et bons mots dans de grands éclats de rire ou dans le calme d'une soirée chaudement habillée par les mélodies d'un bon disque.
Des instants où le vin, comme l'assiette et la table, jouent à merveille leur rôle de lubrifiant social.
Alors, que l'on parle du petit rosé acidulé autour d'un barbecue entre potes ou du rouge du dimanche censé câliner le repas familial, d'un pet' nat' (autrement dit, un pétillant naturel, mais ça pétille plus en abrégé, non ?) en bord de piscine ou d'un gros canon acheté pour la naissance de la petite dernière, de ce rancio glissant sur le piano voluptueux d'un standard d'Oscar Peterson ou encore de cette bouteille que l'on n'osera jamais ouvrir, c'est avant tout de plaisir dont il est question.

J'ai toujours pensé que les gens les plus sérieux étaient ceux qui savaient le plus déconner.

David Farge

ET LA LUMIÈRE FUT…

Chouchouter cette source de ravissement liquide aussi vaste que complexe devenant de fait une étape obligatoire, qui mieux que Sandrine Goeyvaerts – voisine belge au verbe aussi coloré que pertinent – pour nous prendre par la main ?
Caviste, sommelier, collègue blogueuse*, membre du très secret cercle des adeptes de jeux de mots douteux et humoriste de talent à ses heures perdues, Sandrine est avant tout une amie avec qui j'aimerais pouvoir trinquer un peu plus que de raison. Jamais avare de conseils, elle anime son blog, comme sa cave, avec la patte bienveillante de celle qui veut faire comprendre le vin. Entre jolies quilles et propos sincères, elle maîtrise aussi à la perfection l'art subtil de la vulgarisation. Un calembour par-ci, un soupçon de poésie par-là, et la vie des levures dans une cuve en fermentation devient alors aussi passionnante qu'une vidéo de chatons sur YouTube. Ce n'est donc pas un hasard si son propos prend place au cœur d'un livre…
Histoire de dépoussiérer le genre, ces quelques pages reprennent le B.A.-ba de ce qu'il faut savoir au moment de partir en quête d'un verre de blanc ou de rouge. Elles sont une introduction suffisamment rock'n'roll pour dérider un peu cette image un brin coincée dont pâtit parfois le vin.
C'est donc en toute confiance que je vous laisse en compagnie de cette plume vive et pétulante, qui saura, à coup sûr, vous donner envie de (re) découvrir le vin. Plongez votre verre au creux de ces pages, dégustez ce savoir dispensé avec légèreté et adresse… et surtout, ensuite, profitez, car le vin n'aura jamais fini de vous étonner ! Tchin-tchin !

DAVID FARGE

La passion du vin donne parfois l'envie d'écrire : Le Blog d'Abistodenas (http://abistodenas.blogspot.fr/), l'adresse du web pinardier pour trinquer au partage et affûter son coup de fourchette.

Pourquoi j'ai troqué le verre POUR LA PLUME (JUSTE UN MOMENT)

Je ne viens pas du « monde du vin » : chez moi, on n'en buvait que très occasionnellement, et encore pas les choses les plus passionnantes. Rosé perlant portugais, liebfraumilch, voire muscat de Patras lors des grands événements, je n'ai pas baigné dans le cru dès mon plus jeune âge. Mais la cuisine… Manger, évidemment, et aussi mettre la main à la pâte. J'ai tenté alors une formation hôtelière : hélas pour moi, j'étais plus comique de cuisine que commis, et un professeur bien intentionné m'a poussée vers la salle. Celle des restaurants, avec les mecs en costard, les types un peu coincés derrière leurs assiettes dont les intitulés demandent un souffle de joueur de tuba pour l'énoncer d'une traite. Une fois là-bas, il fallait trouver de quoi disserter : une bouteille m'est tombée dans les mains, un peu par hasard.
Je suis devenue sommelier parce que j'ai la langue bien pendue : le vin depuis ne m'a plus quittée. Mon métier a évolué peu à peu, j'ai quitté les rangs pour la cave, et je me suis mise à écrire aussi.
Avec une envie : parler simplement de vin, le rendre accessible. Montrer qu'on peut, avec de l'humour et de la décontraction, entrer dans ce monde du vin, des appellations, de vignerons et de passionnés, même en n'y connaissant pas grand-chose au départ, même en n'y étant pas initié(e) au sein de la famille. Un blog est parfait pour ça : la Pinardothèque, mon espace de jeu (de mots), a presque quatre ans, maintenant. Ce livre en est un peu le prolongement naturel. Vous n'y trouverez pas des listes d'appellations à étudier, mais plutôt des réponses à des questions courantes : en comprenant comment marchent les choses, on s'y intéresse naturellement. Si on m'avait dit – à moi, la nulle en physique et chimie – que je retournerais compulser mes cours pour mieux comprendre ce qui se passe à la vigne ou à la cave, je n'en aurais pas cru un mot, et pourtant…
Vous pourrez lire ce livre d'une traite ou, au contraire, piocher dans un chapitre quelques sujets pour revenir aux autres plus tard. Il va vous offrir – j'espère – quelques bases pratiques.
Ne jamais rester en carafe, c'est tout le mal que je vous souhaite et le pourquoi de ce titre clin d'œil : car, pour ce qui est de mettre le vin en carafe, vous verrez tout au long de ces pages que je vous y encourage, et plutôt deux fois qu'une. Pourquoi ? À vous de lire !

Sandrine Goeyvaerts

LE VIN,
qu'est-ce que c'est ?

12

SELON LA LOI, LE VIN EST LE PRODUIT OBTENU EXCLUSIVEMENT PAR LA FERMENTATION ALCOOLIQUE, TOTALE OU PARTIELLE, DE RAISINS FRAIS, FOULÉS OU NON, OU DE MOÛTS DE RAISIN. POUR FAIRE LES MALINS, ON PEUT CITER L'EXCEPTION DES VINS DE FRUITS BELGES.

LE VIN, C'EST DU RAISIN !

On admet en général partout en Europe que vin = raisin. Sauf chez une peuplade d'irréductibles : les Belges. En effet, la tradition – et le fait qu'il est plus simple de cultiver pomme et poire que raisin en Gaume, par exemple – justifie l'existence de ces vins de fruits autres que raisin, comme le coing ou la rhubarbe. D'autres pays produisent des vins de fruits : à l'île Maurice, il s'en fait même à base de litchi ou d'ananas.

LE VIN EST UNE BOISSON SAINE

Et c'est ce qui a fait son succès. « Saine » ne s'entend pas forcément au sens d'aujourd'hui : alors que nous traquons le gluten, les calories, les additifs et que nous nous nourrissons de super-aliments, les hommes et les femmes du Moyen Âge jusqu'à l'ère industrielle cherchaient avant tout à ne pas s'empoisonner. L'eau, pas toujours potable et n'offrant pas de garanties suffisantes d'innocuité, était remplacée par le litron, coupé ou non. Bien sûr, les vins d'il y a 150 ans, voire 300 ans, n'étaient pas les mêmes qu'aujourd'hui : degrés moins élevés, acidités plus marquées... Mais la demande créée a maintenu et fait prospérer les vignobles, d'abbaye ou non.

LE VIN, IL NE FAUT PAS EN ABUSER

Parce qu'il a beau être agréable, chouette, rudement bon, il contient toujours de l'alcool. La dimension plaisir ne doit jamais être oubliée. Parce qu'on ne se prémunit jamais à 100 % de l'alcoolisme qui est une maladie grave et parfois mortelle, il faut avoir conscience de ses propres limites. En revanche, en dédiabolisant le vin, en montrant exactement de quoi il est fait et qui sont les gens derrière, on peut sans doute amener à le respecter. Dans mon boulot, rien ne me fait plus plaisir que de voir arriver les enfants de certains de mes clients, qui à 24/25 ans s'installent, prennent des apparts et viennent chercher du vin pour recevoir. Parce que c'est un art de vivre. Parce que c'est une éducation. Oui, le « jeune » est parfois aussi un être très bien, poli, qui s'exprime correctement, qui consomme modérément et qui ne se biture pas la tronche comme un abruti tous les week-ends.

LA LOI EVIN

Édictée pour protéger les jeunes du marketing agressif des alcooliers, elle fixe des limites quant aux publicités, y compris pour le vin.
Que dit cette loi ?

- La pub dans la presse pour la jeunesse, à la télé ou au cinéma, est interdite.
- Elle interdit la distribution aux mineurs de documents ou goodies représentant ou vantant les mérites d'une boisson alcoolisée.
- Elle interdit la vente, la distribution et l'introduction de boissons alcoolisées dans les salles de sport (avec possibilité de dérogation pour certaines buvettes).
- Elle limite les affichages publicitaires, qui doivent être accompagnés d'un message sanitaire sur l'abus d'alcool.

LE VIN EST SOCIAL !

Il délie les langues, il fait couler de l'encre sur le papier, il est le sujet et le prétexte de nombreuses discussions, il est le compagnon idéal d'un repas aux petits oignons. Le vin seul est triste. Mais à table ou au bar, avec quelques amis ou son amoureux, et consommé sans exagérer, il est formidable ! Il vous fera voyager, des vallons de l'Alsace aux allées des châteaux de Bordeaux, du montagnard Jura à la belle vallée du Rhône, sans quitter votre siège.

SANS COMMUNICATION, PAS D'ÉDUCATION

Il est important de pouvoir parler – librement – de vin. De donner la parole à ses acteurs, tous ses acteurs. On éloigne le potentiel danger de la consommation excessive non pas en brandissant des interdits à tous les coins de rue – j'ai été jeune, je sais bien que ce qui nous attire le plus sûrement à quinze ou dix-sept ans est bien plus l'illicite ou l'interdit qu'une substance ou un comportement en soi –, mais en donnant le goût des bonnes choses. Et en différenciant bien la consommation festive d'un ou deux verres de vin à celle massive de vodka bon marché.

Le vin CONTINUE DE SURPRENDRE

14

L'OFFRE DE VINS N'A JAMAIS ÉTÉ SI PLÉTHORIQUE : VINS DE TOUTE LA FRANCE, BIEN ENTENDU, MAIS AUSSI DU MONDE ENTIER. ET LA FAÇON DE LE PRÉSENTER AUSSI : AROMATISÉ, EN TUBE OU EN CANETTE. UNE FAÇON DE LE DÉMOCRATISER ET DE PARLER AUX JEUNES ?

LE VIN ÉVOLUE

C'est indéniable et inéluctable : désormais, on ne communique plus sur le vin comme il y a trente ans. L'accès à des vins du monde entier peut perdre un peu le débutant. Mais il est aussi une chance : celle de relativiser. Et peut-être de secouer un peu certaines appellations un peu endormies sur leurs lauriers. C'est le point ultra-positif : comparer des sauvignons néo-zélandais ou ligériens, des pinots noirs de l'Oregon et des bourgognes est absolument passionnant. Et c'est aussi une façon, tant pour le pro que pour le néophyte, de vérifier cette phrase qui résume parfaitement le vin : *« Plus on en sait, moins on en sait ! »*

VIVE INTERNET !

En cassant les codes, en ouvrant le monde des blogs au vin, en permettant à presque n'importe qui de partager coups de cœur et photos en ligne, le vin est devenu tendance : une façon de se reconnaître, de revendiquer l'appartenance à une tribu, un groupe. Plus simple à aborder pour les jeunes que la littérature compassée, Internet a fait bouger les lignes et permis d'accéder à des sources ultra-variées, des plus sérieuses aux plus décomplexées.

LE MARKETING JOUE SON RÔLE

Avec parfois des positionnements censés toucher les jeunes ou les femmes : des packagings rigolos ou reprenant des codes « de jeunes », on assiste aussi à des tentatives de proposer des alternatives à la bouteille. Le vin en tube accompagné de sa machine à servir est probablement destiné – en raison d'un coût important – à une clientèle assez restreinte. Le grand dommage de ce type de contenant, c'est qu'alors le vin n'est plus partage : il devient individuel, et presque solitaire. Pour le vin en canette, c'est un peu la même histoire : il réduit le vin à une consommation presque neutre, sans partage et sans convivialité.

AROMATISÉ, C'EST LE MAL ?

De plus en plus, on croise dans les linéaires des vins aromatisés pamplemousse, mangue ou spéculoos : une mode sauce industrielle qui ne fait que reprendre une pratique ancienne. Bien avant J.-C., Hypocrate parle déjà de vin aromatisé préparé presque comme les parfums. Dedans ? Roseaux, joncs, costus, nard syriaque, amome (une variété de cardamome), cannelle, safran, palmier et asarum (probablement du nard). Que des trucs cool, quoi. Hypocrate aurait vécu 110 ans, tirez-en vos conclusions.

On trouve dans le *De Re Coquinaria* d'Apicius (Cyril Lignac de l'époque) une recette de vin merveilleux aux épices et une recette de vin miellé pour le voyage. Le bassin méditerranéen perpétue cette tradition de vins aux épices : utiles à la conservation, offrant une palette de saveurs originales, voire clairement utilisés comme médocs, les épices et les aromates donnent le pimen, l'ipocras puis l'hypocras qui sont les ancêtres des rosés pamp' : la variété des épices, des fruits qu'on peut utiliser n'est limitée que par la seule imagination.
Le rosé pamp' et ses déclinaisons ne sont donc rien de plus qu'une réinterprétation moderne. Il n'est pas interdit d'en consommer – à l'apéro, par exemple –, mais préférez-lui une recette maison : votre hypocras ne contiendra que ce que vous y aurez mis, et ni colorants ni conservateurs.

UNE RECETTE !

Prendre un vin blanc ou rosé. Y ajouter les épices suivantes : cannelle, cardamome, clous de girofle, gingembre. L'idéal : les placer dans une boule à thé. Ensuite on y ajoute des pétales de rose (non traités, qu'on trouve fastoche dans les épiceries bio). On sucre avec du miel ou du sucre fin. Et on laisse reposer. Minimum 48 heures, au frais, que ça infuse bien. L'hypocras se boit frais de préférence, aussi bien en apéritif qu'en digestif.

Cabernet Sauvignon GOÛTER Le bo
BOUTEILLE Végétale PICOLER
Le Crachoir LES AOP OENOLOGIE
MIAM
Grands HERMITAGE boucho
Languedoc Châteaux Millesime
FESTIF Du Rosé! TONNEAU Moelleu
BIENVIEILLIR Carafe BLANC du dépôt
des bulles La Robe Muscats
Barrique raisin BORDEAUX
BRUT La Récolte Crémant ROUGE SUR BLANC
DU PARFUM Décanter verre ou crist
DU PAIN DU VIN SOMMELIER VIN DE FRAN
DES COPAINS Languedoc jamais le plais
en carafe au REPAS

SAVOIR EN PARLER

D'OÙ VIENNENT *les vignes ?*

LA VIGNE EST PRÉSENTE DEPUIS LE PALÉOLITHIQUE MAIS SOUS UNE FORME SAUVAGE, ET SES RAISINS ÉTAIENT PROBABLEMENT CONSOMMÉS TELS QUELS. C'EST DANS LA RÉGION DU PROCHE-ORIENT ET AU COURS DU NÉOLITHIQUE QU'ON RETROUVE LES PREMIÈRES TRACES DE VINIFICATION.

LE VIN A PLUS DE 7500 ANS !

Au départ, le raisin en soi n'est qu'un élément de diversification alimentaire. Peu à peu, avec la découverte des boissons fermentées à base de fruits, de miel ou de céréales, les hommes de la préhistoire comprennent que c'est un sacré bon moyen de rigoler. Et le vin finit par naître, bien éloigné encore des formes sous lesquelles on le connaît aujourd'hui.
En Iran, au nord des monts du Zagros, des fouilles ont permis de retrouver des poteries sur lesquelles des résidus d'acide tartrique, de tannins et de térébenthine attestent de vinifications datant de 7500 ans !

La térébenthine, si utile aux gymnastes sous forme colophane, servait aux Iraniens de « conservateur ». Le vin iranien d'il y a 7500 ans devait être disons... particulier. Cette histoire de résine évoque le retsina, le vin grec à la résine de pin d'Alep. En Iran, on avait déjà compris le pouvoir conservateur des résines bien avant les travaux de Pasteur sur le soufre.

SÉLECTION DE CÉPAGES

Peu à peu, la culture de la vigne s'organise et gagne du terrain, vers le sud. Jordanie, Égypte, Grèce, le bassin méditerranéen est conquis. L'extension des vignes et surtout leur diversification viennent de leur domestication : en observant et sélectionnant celles qui fournissaient les plus grosses grappes, aux jus les plus sucrés, en les reproduisant par boutures ou semis, on a fini par obtenir de vrais cépages. Ceux-ci seront transportés par les Phéniciens, puis les Grecs et les Romains.

Mais quelles vignes utilisait-on AUX DÉBUTS DU VIN, ET MAINTENANT ?

LA VIGNE EST UNE LIANE : SI ON NE LA MAÎTRISE PAS, ELLE RAMPE, GRIMPE AUX ARBRES, S'Y ACCROCHE AVEC SES SARMENTS. EN REVANCHE, LA TAILLE PERMET DE LA CANALISER ET D'OBTENIR DES FRUITS PLUS GROS : L'HOMME COMPREND CETTE PARTICULARITÉ ET S'EN SERT.

Vitis vinifera, l'ancêtre européen

Les premières vignes domestiquées et entretenues, dans la région caucasienne, sont de l'espèce *Vitis vinifera*. C'est l'espèce commune et la plus répandue en Europe pour les raisins de table et de cuve. Les espèces *Vitis rupestris*, *berlandieri*, *riparia* et *labrusca*, d'origine américaine, sont considérées comme moins intéressantes : elles sont même interdites à certains endroits, parfum de soufre diabolique ! Les cépages peu nombreux se sont diversifiés au fil du temps : croisement, sélection, multiplication. Depuis les dizaines de cépages identifiés par les Romains, qui ont entrepris un vrai travail de classement en les identifiant puis en les répertoriant, nous en connaissons maintenant près de 10 000, dont environ 1300 servent à la vinification. Chiraz, la ville d'Iran, n'est pas l'origine de la syrah : celle-ci descend de la *Vitis allobrogica*, vieil ancêtre de la mondeuse. Le point commun entre le zinfandel américain et le primitivo des Pouilles en Italie ? Le plavac, cépage croate dont ils descendent tous deux.

Actuellement, dans cette multitude, 10 cépages couvrent à eux seuls 40 % du vignoble mondial. Une proportion inquiétante pour la diversité :

- **le cabernet sauvignon, noir, 290 091 ha, 6 % du vignoble mondial ;**
- **le merlot, noir, 267 169 ha, 6 % du vignoble mondial ;**
- **l'airen, blanc, 252 364 ha, 5 % du vignoble mondial ;**
- **le tempranillo, noir, 232 561 ha, 5 % du vignoble mondial ;**
- **le chardonnay blanc, 198 793 ha, 4 % du vignoble mondial ;**
- **la syrah, noire, 185 588 ha, 4 % du vignoble mondial ;**
- **le grenache noir 187 735 ha, 4 % du vignoble mondial ;**
- **le sauvignon blanc 110 138 ha, 2 % du vignoble mondial ;**
- **le trebbiano toscano, blanc, 109 772 ha, 2 % du vignoble mondial ;**
- **le pinot noir, 86 662 ha, 2 % du vignoble mondial.**

C'est quoi une vendange, COMMENT ÇA SE PASSE ?

20

SELON LA NATURE DU CÉPAGE (CABERNET, MERLOT, SAUVIGNON, CHARDONNAY...) ET SON LIEU DE VIE (EXPOSITION, SOL, RÉGION), IL NE VA PAS MÛRIR PARTOUT DE LA MÊME FAÇON. CERTAINS RAISINS SONT PRÉCOCES, D'AUTRES TARDIFS : COMMENT DÉTERMINER LE MOMENT DES VENDANGES ?

UNE HISTOIRE COMPLIQUÉE

Le comité interprofessionnel donne une date « feu vert » de début des vendanges avant laquelle on ne peut récolter en appellation, mais chaque vigneron décide ensuite seul, selon ce qu'il veut produire comme types de vins. Deux maturités sont très importantes à observer :

- **physiologique :** c'est ce qui donne l'équilibre entre le degré (pour obtenir un vin à 10 % vol., il faut donc environ 175 grammes de sucre) et l'acidité ;
- **phénolique :** c'est celle qui détermine la qualité des matières colorantes et des tannins.

Ces deux maturités ne correspondent pas toujours pile-poil – l'une peut être plus avancée que l'autre – et il faut aussi composer avec les acidités : migraines en vue pour le vigneron. Selon les parcelles et les variétés de cépage, les vendanges peuvent s'étirer de plusieurs jours à plusieurs semaines.

COMMENT SAVOIR ?

Goûter, utiliser le mustimètre, densimètre ou pèse-moût pour estimer le sucre potentiel du raisin. Le mustimètre peut inclure également une échelle de Baumé qui mesure le pourcentage de l'acide contenu dans le jus de raisin. Les analyses en labo complètent, avec des échantillons pris à divers endroits des parcelles.
Si on veut obtenir un vin doux, riche en sucre, on le récoltera plus tard qu'un vin qu'on désire sec. Pour vendanger, c'est mieux qu'il fasse sec et pas trop chaud : l'eau pourrait gonfler les baies, diluer donc le sucre et les arômes, et la chaleur, flétrir, voire rôtir, les baies. Dans certaines régions, on récolte de préférence tôt le matin... à la fraîche. Pour les vins de glace, le raisin devant être gelé à cœur, la vendange a souvent lieu de nuit.

À LA MAIN OU MACHINE ?

La récolte se fait à la main si on veut conserver les grappes entières. À ce stade, on peut éliminer les éventuelles baies pourries ou insuffisamment mûres, ou bien le faire plus tard sur une table de tri. Les zones trop accidentées, à pente forte, les vignes basses ou pas suffisamment espacées, ne permettent pas l'usage de la machine.
En outre, certaines AOP l'interdisent, carrément. Ses détracteurs pointent sa violence sur le raisin, mais le coût global, une meilleure rentabilisation du temps, surtout quand on possède beaucoup d'hectares, font pencher en sa faveur. Le principe de la machine à vendanger : des bras mécaniques qui secouent, battent ou fouettent les vignes. Les grains de raisin sont récupérés, et feuilles et branches sont évacuées par une soufflerie.

COMMENT LE JUS DE RAISIN *devient-il du vin ?*

bla

LA VENDANGE EST FINIE : ON A DONC MAINTENANT DES JOLIS RAISINS DONT IL VA FALLOIR S'OCCUPER. PARCE QUE LE VIN, ÇA NE SE FAIT PAS TOUT SEUL : ÇA SE SURVEILLE COMME LE LAIT SUR LE FEU. UNE FERMENTATION QUI DÉMARRE MAL, DES BACTÉRIES QUI S'INSTALLENT, ET AÏE !

DU TRI !

En premier, on trie et on choisit d'égrapper (c'est-à-dire enlever la rafle, partie « végétale » de la grappe) ou non, ou en partie. Les rafles peuvent apporter des tannins, il est donc prudent de s'en servir avec parcimonie le cas échéant, et qu'elles soient, elles aussi, bien mûres.
Après, on foule (on écrase). Fin d'une légende : les pieds dans le moût, c'est quasi fini ! Sauf cas particuliers comme au Portugal, pour l'élaboration des vins de porto, où on tient à une certaine « oxydation ». Le plus souvent, le foulage a lieu dans une « fouleuse-égrappeuse ».

À QUOI ÇA SERT ?

Le foulage permet d'extraire du jus et d'en favoriser l'étape reine, et commune à tous les vins : la fermentation alcoolique !

COULEUR COULEUR !

Pour les vins blancs, on presse, débourbe – c'est-à-dire qu'on élimine une partie des sédiments –, puis démarre la fermentation. La priorité avec eux est de ne pas extraire de couleur : il faut donc les garder le moins longtemps possible en contact avec les peaux contenants les matières colorantes. L'exception est possible : avec des peaux peu riches en couleur, on peut pratiquer une légère macération de quelques heures pour extraire plus d'arômes.
Pour les rouges et rosés, on veut de la couleur, qu'on obtient en général par une macération préfermentaire. Celle-ci peut continuer à œuvrer encore un peu jusqu'après la fermentation. On va aussi, si on veut encore extraire des tannins et de la couleur, les « remonter » (repasser du jus sur les matières colorantes présentes dans les peaux et rafles et qui « flottent » : le principe des infusions) ou les piger (l'inverse : enfoncer les peaux et rafles dans le jus, pour plus ou moins le même résultat).

LE TRAVAIL C'EST LA SANTÉ !

Le travail de fermentation, grâce au boulot des levures (transformer les sucres fermentescibles en alcool), produit naturellement de l'alcool et du gaz carbonique, et intervient selon les types de vins tout de suite après la presse ou avant. Cette première fermentation est la fermentation alcoolique, c'est la première étape obligatoire du pinard.

DIEUX ET DÉESSES DE LA VIGNE : *le calendrier !*

22

CE CALENDRIER DE VIGNERON(NE) N'EST QU'INDICATIF : EN EFFET, D'UNE RÉGION À L'AUTRE, D'UN MILLÉSIME À L'AUTRE, LES INTERVENTIONS À LA VIGNE OU EN CAVE PEUVENT DIFFÉRER. C'EST TOUJOURS AU VIGNERON, ET À LUI SEUL, DE CHOISIR : LAISSER FAIRE UNE MALOLACTIQUE OU PAS, VENDANGER TÔT OU PLUS TARD. DES CHOIX CRUCIAUX.

JANVIER

Si la taille s'effectue de décembre à mars, c'est bien *« à la Saint-Vincent que l'hiver s'en va ou se reprend »*. C'est le début de la période des « salons du vin » où le vigneron peut faire déguster aussi bien aux pros qu'aux amateurs.

FÉVRIER

Il faut passer au chai et surveiller les barriques. Le vin a tendance à se « rétracter » à cette période. L'ouillage – consistant à remplir les fûts pour contrer cet effet et celui de l'évaporation naturelle de l'alcool, « la part des anges » – est obligatoire si on ne veut pas de vins qui s'oxydent. Il se fait périodiquement toute l'année.

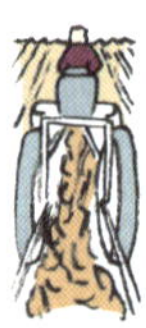

MARS

On « débutte ». On finit la taille : « *Taille tôt, taille tard, rien ne vaut la taille de mars.* » On met en bouteille généralement les vins de la récolte précédente ou d'il y a deux ans, selon leur profil.

AVRIL

Avant le phylloxéra, on plantait les paisseaux. Maintenant, on palisse sur fil de fer, sauf à l'Hermitage, Côte-Rôtie et Condrieu. On surveille la vigne et on la protège contre les gelées ravageuses de printemps.

MAI

La vigne fleurit ! C'est le moment aussi de biner pour ameublir la terre, ou de sarcler pour désherber entre les pieds.

JUIN

On « accole » les vignes palissées et l'on commence à rogner les sarments. La « nouaison » (= donner des baies) ou la « coulure » vont commander le volume de la récolte.

JUILLET

Les traitements contre les parasites continuent ainsi que la surveillance du vin sous les fortes variations de température. Ouille, ouille, ouille !

AOÛT

Travailler le sol nuirait à la vigne, mais il faut être vigilant devant les invasions possibles de certains parasites. On prépare la cuverie dans les régions le plus au sud. Parfois, avec des millésimes très précoces, on récolte déjà !

SEPTEMBRE

Pic de stress chez le vigneron qui étudie la maturation par prélèvement régulier des raisins pour fixer la date des vendanges. En général, elles commencent en région méditerranéenne, si ça n'a pas déjà été fait en août.

OCTOBRE

Les vendanges ont eu lieu dans la plupart des vignobles, se poursuivent pour les vendanges tardives et la vinification commence : fermentation alcoolique, puis malolactique. Souvent elles se succèdent, mais parfois ces deux transformations ont lieu en même temps ! Pour garder de l'acidité, on l'évite souvent sur les blancs.

NOVEMBRE

Les vins primeurs sont mis en bouteille. On surveille l'évolution des vins nouveaux : la température des caves doit être maintenue pour assurer l'achèvement de la fermentation alcoolique. Au vignoble, la prétaille commence.

DÉCEMBRE

Les vins ont été décuvés, puis mis en fût ou dans d'autres cuves. La malolactique, si elle n'est pas tout à fait finie, pourra reprendre au printemps, avec le redoux.

Les levures, QUI SONT-ELLES ?

24

LA LEVURE EST UN MICRO-ORGANISME RELATIVEMENT CON : EN GROS, TOUT CE QUI L'INTÉRESSE DANS LA VIE, C'EST BOUFFER DU SUCRE, MAIS DANS DE BONNES CONDITIONS DE TEMPÉRATURE, SINON ELLE SE MET EN SOMMEIL. LA LEVURE DOIT DESCENDRE DU PARESSEUX (LUI, DESCEND RAREMENT DE SON ARBRE).

Indispensables

Sans levures, pas de fermentation ! En dégradant et en transformant les sucres fermentescibles en alcool, elles nous donnent ce qui deviendra du vin. La nature est bien faite : si le sucre est naturellement présent dans la baie, les levures sont présentes sur sa peau. Encore faut-il qu'elles soient de la bonne « espèce ». Les *Brettanomyces*, par exemple, sont considérées comme indésirables en vinification.
Pour la vinification, on privilégie les *Saccharomyces cerevisiae* ou *bayanus*. Une levure, dans de bonnes conditions – c'est-à-dire dans un milieu sain (la présence de bactéries a tendance à la conduire à la grève) et maintenue à une température comprise entre 20 et 25 °C –, dégradera du sucre tant qu'elle le peut : on peut toutefois aider un peu la nature en fabriquant un pied de cuve.

Sacré coup de pouce

Le pied de cuve, ça ne mange pas de pain : véritable levain du vin, il s'obtient en foulant une petite quantité de raisins et en laissant démarrer une fermentation naturelle. Réalisé sur une petite quantité, c'est une mort de crash-test : si la fermentation part mal ou de façon trop paresseuse, on pourra réagir en conséquence. On met en route quelques jours avant la vendange, histoire d'avoir une jolie fermentation, prête à en découdre avec ce qui va lui arriver sur la tronche. Cela suppose une vendange saine, exempte de traitements.
Les vignerons qui utilisent cette technique louent son côté naturel, et surtout la préservation des levures du cru, qui donnent plus de personnalité au vin. Comme elles diffèrent d'une région à l'autre, d'un endroit à l'autre, beaucoup s'accordent à dire qu'elles forment elles aussi ce qu'on appelle le terroir, une empreinte identitaire du vin.

Des levures en sachet

Pour diverses raisons (conditions climatiques, pied de cuve qui part mal, « lavage » aux pesticides...), il arrive que les levures ne soient plus présentes ou en pas assez grand nombre, ou que l'espèce indésirable supplante la bonne. On peut utiliser des levures dites « sèches ». Elles ne sont pas créées de toutes pièces en laboratoire : elles proviennent des vignobles, y sont sélectionnées et prélevées, puis dupliquées. Avantage : on peut sélectionner exactement celle que l'on veut en fonction des performances attendues. Comme les nouilles en sachet, il faut les réhydrater : on met les levures à faire trempette dans une eau à 35 °C. Puis on les acclimate à des bains progressivement plus froids, jusqu'à les incorporer à la vendange.
Ces levures réhydratées peuvent aussi être mises à fermenter un peu à la façon d'un pied de cuve dans un petit volume de raisins, puis incorporées au reste de la vendange.

La levure pète

Comme la peau de mérou, ou disons-le plus élégamment : le processus de fermentation engagé par la levure produit un dégagement de gaz carbonique. Cette propriété intéressante va permettre, par exemple, d'exploiter ce gaz afin de créer des vins effervescents, comme les pétillants naturels.

En apnée

La levure adopte des comportements différents en présence d'oxygène ou non. Si elle peut respirer, elle s'occupe uniquement de manger et de proliférer, tout le sucre qu'elle consomme est transformé en gaz et en énergie et elle se multiplie : c'est le processus de reproduction utilisé en industrie. Privée d'oxygène, elle ne cherche plus la gaudriole mais à se maintenir en vie : c'est ainsi qu'elle produit de l'alcool. Manger, se reproduire ou plonger dans l'alcool : la vie de rêve d'une levure.

L'ÉLEVAGE : DE L'ÉDUCATION *à l'usage des jeunes vins*

26

UNE FOIS LES JUS FERMENTÉS, ILS DOIVENT ENCORE PASSER PAR UNE PHASE QU'ON APPELLE « ÉLEVAGE ». CELUI-CI PERMETTRA D'AFFINER LES VINS, DE LEUR DONNER UN PROFIL. RÉDUIT AU STRICT NÉCESSAIRE OU, AU CONTRAIRE, PROLONGÉ DURANT PLUSIEURS ANNÉES, IL EST CRUCIAL.

LE BÂTI EST LÀ

Si on fait une analogie avec la mode : les vendanges sont le croquis du futur vin, la vinification en est le bâti et l'élevage, les petites mains des couturières. Selon les couleurs des vins, et le type de garde que l'on souhaite d'eux, il sera plus ou moins long.

Plusieurs matériaux s'offrent au vigneron pour y faire séjourner le vin :

- Les cuves inox ou béton : polyvalentes, elles peuvent servir à la vinification et à l'élevage. Le béton possède une plus grande inertie, mais est plus compliqué à nettoyer. Plus onéreux, l'inox est en général thermorégulé. Les cuves ne transmettent aucun goût au vin.

- Les fûts, neufs ou non : en général à base de chêne, ils offrent une perméabilité douce, une extraction des polyphénols et des tannins du bois (on considère que ce phénomène se passe les cinq premières années de vie du fût, après il s'épuise). Il est donc utilisé pour ses qualités aromatiques autant que pour l'oxygénation ménagée qu'il prodigue.
- Les amphores : on assiste au retour de ce contenant, de ses formats les plus gigantesques (plusieurs milliers de litres) aux plus modestes (quelques dizaines de litres). Celles-ci, comme les barriques, permettent d'apporter de l'air en quantité minime et sont également en matériau complètement naturel.
- Les bouteilles : c'est le cas pour les champagnes et les crémants.

C'est sain, la malo

Le vin a besoin d'un peu de repos et de régler sa crise d'adolescence. Le froid – que l'on place la cuve ou la barrique dehors, qu'on refroidisse la cuve par serpentin ou qu'il intervienne de façon logique avec la météo – est le meilleur moyen pour bloquer la fermentation si elle n'est pas tout à fait terminée.
Quand la température se radoucit, c'est l'histoire de la vie, le cycle éternel…
Car avec le redoux, une autre métamorphose est possible. Au contraire de la fermentation alcoolique, elle n'est pas obligatoire et se nomme « malolactique ». Pour se la péter, les pros disent « la malo ». Les bactéries *Œnococus œni* dégradent de l'acide malique en acide lactique, un acide « moins acide » que l'autre.

Le goût du bois

Ce fameux goût vient du fût neuf ou quasi neuf. Passé cinq ans, les fûts n'ont pratiquement plus de pouvoir aromatique. Pour économiser, l'usage des copeaux est autorisé : il sera formellement interdit en revanche de mentionner « Élevé en fût ». Selon les types de bois (chêne français, américain), selon la chauffe, les aromatisations peuvent être plus ou moins fortes : dans tous les cas, il faut une grosse matière de raisins pour que ce soit équilibré. Oui à un arôme subtil ; sucer de la planche, c'est non !

Pratiquement inévitable sur les rouges, elle est facultative sur les blancs quand on veut leur garder du peps. Parfois, elle a lieu beaucoup plus tôt : chaque millésime est unique.

Rond comme une barrique

L'élevage en barrique est le plus évocateur. Il est exigeant, en raison de son coût élevé et des manipulations obligatoires :
- le soutirage : prélever le vin pour le séparer des lies grossières et nettoyer la barrique ;
- l'ouillage : remplir la barrique à fond pour pallier l'évaporation naturelle de l'alcool ;
- le bâtonnage, facultatif, permet de remuer le vin pour qu'il se « nourrisse » de ses lies.

En général, le vin y passe quelques mois : jusqu'à dix-huit ou plus pour certains bordeaux ou vins de très longue garde.

POURQUOI LE BEAUJOLAIS *nouveau sent-il la banane ?*

28

LA TRADITION DES VINS NOUVEAUX, LE PLUS SOUVENT DESTINÉS À UNE CONSOMMATION RAPIDE ET LOCALE, EXISTE DEPUIS LONGTEMPS ET DANS DE NOMBREUSES RÉGIONS. LE BEAUJOLAIS NOUVEAU N'EST DONC PAS APPARU PAR MAGIE : IL EST NÉ DANS LES ANNÉES 1950.

RÉGLEMENTÉ

L'autorisation est accordée à certains viticulteurs et sous certaines conditions de vendre un vin d'AOP avant le 15 décembre de l'année de la vendange. La date du troisième jeudi de novembre sera fixée plus tard, dans les années 1980 : c'est le jour de sortie du beaujolais-nouveau, comme on le connaît désormais.

À CONSOMMER RAPIDO ?

D'aucuns pensent qu'il faut consommer le beaujolais-nouveau dans les semaines qui suivent sa commercialisation : comme il ne subit qu'un très court élevage, il ne se garderait pas.
Pourtant, s'il est vrai qu'une bonne partie de la production standard n'a que peu d'intérêt passé les six mois en bouteilles, certains beaujolais-nouveaux artisanaux gagnent beaucoup à être bus dans leur deuxième, voire troisième année.

ZE MÉTHODE

Issu de gamay, il est fabriqué selon une méthode particulière dite « macération carbonique » (à noter : la carbonique, ou semi-carbonique, peut servir à élaborer des vins dits classiques, non primeurs). La carbonique, ou carbo (à ne pas confondre avec le plat de pâtes), est assez simple dans son fonctionnement. On vendange en grappes entières sans enlever la partie ligneuse qu'on appelle « rafle ». Les grappes sont mises dans une cuve saturée de CO_2. C'est un peu le principe de Koh-Lanta ou de n'importe quel jeu de télé-réalité : enfermez dans un milieu confiné des jeunes plein de vie et ça ne tarde pas à péter. Chez les raisins, ça ne se traduit pas par des baffes dans la tronche, mais par une fermentation alcoolique interne des grains qui finissent par éclater et produire de l'alcool.

T'AS LA BANANE ?

Les détracteurs du « nouveau » parlent de son goût immuable de banane, bonbon anglais ou bien vernis à ongle : il s'agit d'arômes amyliques.
Ces arômes de vins jeunes ne sont pas uniques au beaujolais : ils viennent d'un ester, l'acétate d'isoamyle, qui est libéré naturellement durant la macération carbonique ou semi-carbonique. Cette sensation peut être renforcée avec l'usage des levures sélectionnées, comme la 71b. L'usage de la thermovinification peut aussi exacerber le côté fruit rouge, et offrir un profil de vin très similaire d'une année sur l'autre. Tous les beaujolais-nouveaux ne sont cependant pas banane : certains goûtent même le raisin ! Le choix du producteur est donc crucial pour s'assurer de boire bon et original.

Oxydé
OU OXYDATIF ?

29

« OXYDATIF » EST UN MOT QUI FAIT PEUR. IL A UNE CONNOTATION NÉGATIVE DANS LA CABOCHE DE BEAUCOUP DE GENS QUI ONT TENDANCE À LE CONFONDRE AVEC « OXYDÉ ». SI L'UN EST UN PHÉNOMÈNE NATUREL MAIS QUE L'ON CHERCHE À EMPÊCHER, L'AUTRE EST RECHERCHÉ !

Oxydé, c'est foutu !

Quand on laisse un vin classique à l'air libre quelques jours, sans y toucher, il s'oxyde. Il perd sa saveur, ses arômes, devient désagréable. Il peut être éventé, c'est-à-dire qu'il a trop connu le contact de l'oxygène et n'a plus de bouche, ou madérisé s'il a vieilli dans de mauvaises conditions au contact accidentel de l'air.

Oxydatif, c'est recherché !

Le vieillissement oxydatif est une technique recherchée, qui va donner des vins agréables à boire et qui ne seront plus soumis au risque d'être oxydés. Ils peuvent être vieillis en prenant bien moins de risques.
En général, on fait des vieillissements oxydatifs sur des vins riches en sucres (voir les vins mutés, p. 31). Ceux-ci sont mieux armés contre les bactéries acétiques et il semble que le caractère oxydatif, que l'on retrouve dans les vins jaunes, vienne de la caramélisation oxydative du sucre résiduel.
Sous certaines conditions d'humidité et de température, dans certaines zones géographiques, une levure va donner ses lettres de noblesse à l'oxydatif. Celle-ci va s'agglomérer à la surface du vin en vieillissement, former un voile crémeux qui va peu à peu recouvrir tout le disque.

Le cas du jaune

Le plus célèbre vin oxydatif est le vin jaune du Jura.
Issu du cépage savagnin, il prend le voile à six ans et des poussières d'étoile, sans qu'on remplisse les barriques bien sûr : une évaporation assez importante se produit. De cent litres au départ, on passe à soixante-deux. Cela explique que la contenance du clavelin, la bouteille à vin jaune, soit de 62 cl.
Sec, puissant, c'est un vin de très longue garde. Il se déguste avec la fameuse poularde morilles-vin jaune ou avec un beau comté.

La flor, secret de beauté

À ne pas confondre avec la flore intestinale, cette flor va, gourmande, se nourrir d'alcool, de glycérine, d'oxygène dissous dans le vin. Elle va agir au niveau chimique et modifier le goût du vin, ce qui nous intéresse particulièrement. Arômes de noix, d'amande amère ou non, de miel, de curry… tout ça à cause du sotolon conjugué à l'éthanal (l'éthanol qui se dégrade avec l'oxygène). La flor se plaît beaucoup dans le Jura, on en trouve aussi de sacrés beaux exemples dans le Sud-Ouest, et en Espagne avec le sherry, en Hongrie avec le célèbre tokaj…

Les vins orange, ON NE SAIT PLUS QUOI INVENTER ?

bla

VOUS CONNAISSEZ LE VIN BLANC, ROSÉ, ROUGE ET JAUNE : SAVEZ-VOUS QU'IL EXISTE AUSSI DU VIN ORANGE ? LOIN D'ÊTRE UNE MODE RÉCENTE, C'EST UN VIN TRÈS ANCIEN. UNE TECHNIQUE QUI RÉPONDAIT À UN BESOIN DE STABILISER LES VINS, BIEN AVANT LE SOUFRE.

GEORGIA ON MY MIND

Pour comprendre, il faut se rendre en Géorgie, il y a plus de 6000 ans et y découvrir le qvevri. Avant les cuves en inox thermorégulées, avant la cuve béton, même bien avant la barrique, on vinifiait en amphore. D'énormes jarres de plusieurs milliers de litres – enterrées pour préserver une certaine stabilité thermique et protéger de l'humidité – dans lesquelles le vin va passer toutes les étapes : une fois le raisin foulé, il est mis dans le qvevri avec ses peaux et rafles pour une période de macération-fermentation qui va durer de plusieurs semaines à plusieurs mois. La température fraîche due à l'enterrement des amphores permet ce temps très long d'« extraction » des arômes.
Le risque d'oxydation est modéré : dans une moindre mesure, la fermentation en cours « protège » un peu le vin qui naît.
Après ce temps, variant de deux semaines à six mois, le vin est transféré dans un autre qvevri pour le séparer des peaux et du dépôt. Il poursuit un élevage plus ou moins long selon sa couleur.

TANNIQUE TA MÈRE

**Si le fait de laisser les peaux et rafles dans les vins rouges est classique, dans les vins blancs cela va leur donner des tannins et de la couleur. Le fameux agent orange : de très pâle à carrément vif, selon les cépages utilisés et le temps de macération.
À la dégustation, c'est perturbant : les tannins dans un vin blanc ont tendance à faire ressortir un peu l'amertume, lui donnent du corps et des arômes de peau d'agrumes, voire d'épices.
En raison de cette structure particulière, il vaut mieux éviter de les servir trop froids.**

LES ITALIENS RÉINVENTENT L'ORANGE

Le renouveau des vins de macération est venu d'Italie : l'envie de travailler de façon plus naturelle, sûrement. L'amphore n'est pas toujours enterrée, elle est souvent plus petite qu'en Géorgie. Une certaine étanchéité est assurée par de la cire d'abeille dont on en enduit l'intérieur. Selon la taille des contenants, les cépages utilisés, les temps de macération, les vins sont très variés.

En France aussi, l'orange se fait une place : de l'Alsace au Sud-Ouest, en Loire aussi bien qu'en Bourgogne, il offre aux curieux des sensations originales. À consommer pour eux-mêmes, en méditation, ils offrent aussi des possibilités d'accords chouettes avec certains fromages.

LES VINS MUTÉS : OÙ LE FACTEUR X *est en fait de l'alcool !*

31

LES VINS DONT ON VA PARLER N'ONT PAS SUBI DE MUTATION MAIS UN MUTAGE. ILS NE VOUS DONNERONT DONC PAS DE SUPER-POUVOIRS : EN REVANCHE, ILS VOUS FERONT PASSER UN BON MOMENT DE DÉGUSTATION. ET VOUS EN CONNAISSEZ DÉJÀ PLEIN, C'EST CERTAIN. EXPLORATION !

JE MUTE, TU MUTES

Le mutage est une opération qui consiste à stopper l'action des levures (donc, de la fermentation) en les noyant dans la gnôle, locale le plus souvent. Cuites, elles ne bossent plus, le pré-vin (puisque pas complètement fermenté) conserve tous ses sucres fermentescibles mais sans qu'ils soient transformés, s'enrichit de la dose d'alcool ajouté et garde tous ses arômes de fruits frais.
Ce sont les vins doux naturels. En France, c'est le Roussillon qui en compte le plus (maury, banyuls, rivesaltes), mais le Rhône en produit aussi (rasteau, beaumes-de-venise), le Languedoc (toute la série des muscats), la Corse... Plus étonnant, peut-être savez-vous que les pineaux, le floc de Gascogne, le macvin du Jura sont des vins mutés ? Au Portugal, ce sont les portos. En Espagne, les sherrys-xérès. On peut continuer la liste, encore et encore, tant il y en a. Ils diffèrent par :

- leurs cépages ;
- le moment du mutage sur moût (qui a donc commencé à fermenter) ou sur grains ;
- les élevages : oxydatif, c'est-à-dire qu'on laisse le vin s'imprégner un maximum d'oxygène, parfois dans des foudres ou bonbonnes en plein air ; ou bien réducteur, c'est à dire qu'il se rapproche plus d'un système d'élevage de vin classique.

LA SOLITUDE, ÇA N'EXISTE PAS

Les VDN sont souvent peu considérés hors apéros ou desserts : pourtant, servis à une température correcte, c'est en solo qu'ils s'expriment le mieux, presque comme des digestifs. Jamais glacés, s'il-vous-plaît : frais pour les blancs, juste un poil plus haut pour les rouges. Si vous aimez vous perdre dans les volutes des havanes, bingo avec un vieux rivesaltes.

Passerillé, botrytisé, vendanges tardives : INTERDIT AUX DIABÉTIQUES !

32

LA DOUCEUR, ON AIME. ET LES VINS DOUX, MOELLEUX, LIQUOREUX ENCORE PLUS. MAIS COMMENT S'Y RETROUVE-T-ON, COMMENT SONT-ILS FABRIQUÉS, QU'EST-CE QUI FAIT LEUR RARETÉ, OU LEUR PRIX ? UNE HALTE DANS LE MONDE DU SUCRE S'IMPOSE.

MÉTHODE 1: LA FLEMME

Elle peut se pratiquer partout : au lieu de vendanger aux dates normales on le fait plus tard. Laisser le raisin se gorger de soleil, peinard, concentrer ses sucres, puis récolter une baie qu'on presse lentement et obtenir un beau jus tout doux : rien de sorcier. Après la fermentation, l'élevage. Le principal inconvénient de cette méthode est la météo : s'il pleut, le risque d'avoir des raisins pourris est réel. S'il grêle, c'est une promesse de beaux dégâts.

MÉTHODE 2: LA SADIQUE

Appelée « passerillage », le but est de faire sécher la baie pour concentrer son sucre.
Soit le vigneron laisse la grappe sur la vigne et tord ce qui l'attache à la branche pour la priver d'interactions avec elle – qui n'a jamais entendu le cri déchirant de la grappe de vigne dont on tord la rafle ? – ou il récolte et suspend les grappes à des fils, voire les étend sur des cagettes. L'important, c'est l'aération de plusieurs semaines, voire plusieurs mois.
Le passerillage est une technique géniale pour obtenir des vins équilibrés, car elle ne modifie pas l'acidité à l'intérieur du grain. La baie est donc riche en sucres, saine car sèche, et avec beaucoup d'acidité. On le pratique dans le Jura (les vins de paille, c'est ça), dans le Sud-Ouest (jurançon, pacherenc-de-vic-bilh...), dans la Loire (vouvray, chaumes, bonnezeaux...).

MÉTHODE 3: TOUS POURRIS

Le champignon n'est pas toujours l'ennemi du raisin. Il peut même en être son meilleur copain comme cochon, s'il est *Cynerea*. Selon sa vitesse de propagation sur les baies, le botrytis colonise en douceur les raisins, c'est la pourriture noble, ou bien – c'est ce que les vignerons redoutent – se propage à vitesse grand V, fait éclater les baies et s'y introduit : on parle alors de « la pourriture grise ». Tout est donc minutieusement surveillé, épié, les grains parfois récoltés un à un en plusieurs passages : c'est ce qu'on appelle « les tries ». Cette spore ne s'épanouit qu'à certains endroits, ce qui explique qu'on ne peut pas trouver de vins botrytisés partout, ni toutes les années. À Bordeaux, dans les sauternes et barsacs, en Loire aussi, certains pays comme l'Autriche en accueillent bien volontiers.
Le botrytis agit en « déshydratant » la baie, un peu comme le passerillage, mais en bonus track il agit aussi sur le pH en faisant chuter un peu l'acidité.

MÉTHODE 4: ON GÈLE, ANGÈLE !

Le vin de glace, connu au Canada, en Autriche et en Allemagne, est l'histoire d'un accident. Des raisins laissés de côté sur une parcelle, oubliés, et un vigneron fort marri : quel gâchis! Parce qu'il était un peu pingre, il entreprit de les presser. La presse fut longue et pénible (comme lorsqu'elle fait des fautes d'orthographe), la fermentation itou mais le vin, incomparable. Le premier vin de glace était né. C'est le principe de la cryoextraction : le raisin, laissé sur pieds jusqu'en décembre, voire janvier, continue de se gorger de sucres. Il est récolté à des températures qui vont de -7 °C à -12 °C. L'eau contenue dans le raisin gèle. Elle forme des cristaux qui seront éliminés lors du pressage. Et qui dit moins de jus (d'eau) égale beaucoup plus de concentration en sucres.

VT, SGN, TRIES

Les appellations « Vendanges tardives » et « Sélection de grains nobles » ne sont valables en Alsace que pour les quatre cépages riesling, gewurztraminer, muscat et pinot gris. Les « tries » indiquant le nombre de passages dans les vignes pour ne cueillir que les plus belles ou les baies dites « rôties » touchées par le botrytis. On repassera plus tard dans la parcelle pour une deuxième, voire troisième, trie. C'est ainsi que la période des vendanges peut s'étirer sur plusieurs semaines, facile.

Le champagne :
SECRETS DE FABRICATION

34

bla

IL N'EST DE CHAMPAGNE QU'EN CHAMPAGNE : ULTRA-PROTÉGÉ, QUASI MYTHIQUE, CE VIN EFFERVESCENT NE L'A PAS TOUJOURS ÉTÉ. AUTREFOIS ROUGE TRANQUILLE, C'EST GRÂCE AUX ANGLAIS QU'IL EST DEVENU « SPARKLING ». AU SERVICE SECRET DE LA BULLE ? *YES, SIR.*

Sous pression

Le champagne doit tout ou presque au verre anglais : plus résistant que le verre fabriqué en France, il permet aux Anglais, recevant du vin en fûts, de le mettre en bouteilles, correctement bouchonnées au liège en y fourrant sucre et mélasse. Une bulle se forme, comme cela se produisait parfois accidentellement en France, mais le verre épais contient la pression. C'est cette propriété qui sera exploitée en Champagne, deux siècles plus tard. Dom Pérignon n'a pas « inventé » le champagne. Il a réintroduit le liège, été le premier à utiliser le verre anglais, a inventé la presse Coquard, compris comment faire d'un vin de pinot noir un vin clair, ce qui n'est déjà pas si mal.

Un terroir

Ou plus exactement une multitude de microterroirs qui forment un ensemble de plus de 34 000 hectares. Sur un sous-sol à tendance majoritairement calcaire, quatre grandes zones se dégagent : la montagne de Reims, la vallée de la Marne, la côte des Blancs et la côte des Bar. Elles comptent 320 crus, des dizaines de milliers de lieux-dits, et plus de 275 000 parcelles.

Trois cépages

Principaux, le chardonnay, le pinot noir et le meunier, et d'autres plus anecdotiques comme le blanc vrai, le pinot gris, l'arbane, le petit meslier... Ce sont à eux, selon qu'ils sont assemblés ou non, que font référence les mentions « blanc de blancs », « vins issus uniquement du cépage

C'est un vin d'apéro !

On peut le servir tout au long du repas :

> un beau blanc de blancs peu dosé sur des poissons, crus ou grillés, sans sauce trop lourde, ou des fruits de mer ;

> les pinots noirs, ceux qui ne sont pas élevés en barrique et qui conservent beaucoup de fruit et de légèreté, font merveille sur les entrées de viande blanche, les préparations à base de tomate ;

> les pinots noirs les plus structurés et boisés sont sans complexes face à une belle côte à l'os grillée : le rêve ;

> les meuniers se prêtent à pas mal d'extravagances, parce qu'ils sont assez ronds : les poissons en sauce et les volailles crémées se sentent pousser des ailes ;

> pour les desserts, les rosés secs ou doux sur des préparations à base de fruits rouges : fraîcheur et sensualité.

chardonnay ou blanc de noirs », « issus des cépages meunier et/ou pinot noir ».

Comment naît le champagne ?

Après une première fermentation alcoolique, on assemble cépages, parcelles, millésimes ou non, puis on met en bouteille avec une liqueur de tirage : un peu de sucre dans un fond de vin avec des levures. Les levures fricotent : une deuxième fermentation commence, mais comme la bouteille est fermée, le gaz carbonique en résultant ne peut pas s'échapper. C'est ce qu'on nomme « la prise de mousse ».

Ensuite, le champagne doit se reposer, longtemps : minimum 18 mois, cela peut aller jusqu'à plusieurs années. Barbe-Nicole Clicquot-Ponsardin, la fameuse veuve, a « inventé » le pupitre pour le remuage. Cette opération autrefois manuelle se fait désormais sur gyropalette : en inclinant progressivement les bouteilles, le dépôt se forme sur le bouchon. On peut alors dégorger. Pour compenser la petite perte de volume qui se produit, on ajoute une liqueur d'expédition. Celle-ci va conditionner la saveur plus ou moins sucrée du champagne et les mentions Brut, Demi-sec, Extra-brut...

Boire avec classe

Le champagne se sert de préférence entre 9 °C et 12 °C. Selon son auditoire, on peut raconter que la coupe aurait été moulée sur le sein de la Pompadour, la Beauharnais, Diane de Poitiers : en revanche, il vaut mieux la réserver pour servir les cocktails et lui préférer la flûte ou, mieux encore, le verre à vin. Un bon verre évasé en bas et resserré au dessus concentrera les arômes tout en leur permettant de se développer.

HORS CHAMPAGNE, *ça bulle aussi !*

36

LES BULLES SONT PARTOUT ET LE CHOIX, TRÈS VASTE : CRÉMANT-DE-BOURGOGNE, CRÉMANT-D'ALSACE, CLAIRETTE-DE-DIE, BLANQUETTE-DE-LIMOUX, BUGEY CERDON, PÉTILLANTS NATURELS… MAIS QU'EST-CE QUI LES DIFFÉRENCIE VRAIMENT ?

Plusieurs méthodes

◦ La traditionnelle (anciennement champenoise) : elle fait intervenir une deuxième fermentation en bouteille. C'est comme ça qu'on fabrique champagnes et crémants. Dans certains cas, on ne pratique pas de dégorgement, mais on fait passer le vin effervescent dans une autre bouteille pour le débarrasser du dépôt : c'est le transfert.

◦ L'ancestrale permet d'obtenir des pétillants naturels : au contraire de la méthode traditionnelle, elle ne se base que sur une seule fermentation. Le jus qui commence à devenir du vin est enfermé quasiment de suite avec sucres et levures dans la bouteille, sans adjonction de soufre. Pour être bulles, il faut souffrir mais pas soufrer. Souvent plus bas en degrés que leurs comparses à double fermentation, les « pet' nat' » peuvent contenir plus ou moins de sucres selon le moment où la fermentation s'arrête, naturellement par épuisement des levures ou artificiellement par la mise au froid. La clairette-de-die utilise cette méthode, sauf qu'au contraire des pétillants naturels, on ne lui conserve pas de dépôt. Le contenu des bouteilles est vidé à froid, filtré et transféré, sans adjoindre de liqueur.

◦ La cuve close (ou méthode Charmat), comme son nom l'indique, se déroule en cuve

complètement fermée. C'est là que le vin va prendre mousse, tranquillement. Au moment de la mise en bouteille, il se produit une légère déperdition de gaz : celle-ci pourra être compensée par un ajout de dioxyde de carbone alimentaire.

- Enfin, la méthode de gazéification : la plus simple, le producteur ne s'emmerde pas à faire démarrer puis contrôler des fermentations, en bouteille ou en cuve. Un simple ajout de dioxyde de carbone, et l'affaire est faite.

Et pas loin de la France

> De plus en plus populaires, les cavas espagnols offrent des bulles classiques à prix tout doux.

> Le prosecco a surfé longtemps sur la mode du spritz. Pourtant, ce bel Italien mérite mieux.

> Toujours du côté de nos voisins transalpins, la franciacorta est une merveilleuse appellation de méthode traditionnelle.

> Surfant sur une veine calcaire, bénéficiant de l'expérience champenoise toute proche, on trouve d'excellents chardonnays effervescents belges.

Pensez-y !

S'y retrouver

Pour simplifier l'existence de l'amateur de vins, les effervescents jouent parfois aux faux amis : des appellations proches peuvent désigner des vins obtenus par des méthodes différentes et, donc, avec des caractéristiques dissemblables.
La blanquette-de-limoux brute est une méthode traditionnelle, contenant donc une liqueur de tirage, tandis que la même blanquette mais « ancestrale » désigne un pétillant naturel contenant très peu d'alcool.
Le crémant-de-die est une méthode traditionnelle utilisant principalement le cépage clairette complété d'un peu de muscat, tandis que la clairette-de-die use de l'ancestrale pour faire pétiller du muscat.
Clair ?

Choisir la bonne

- Le premier critère qui vient à l'esprit est le prix : selon qu'on parle d'un champagne, d'un crémant ou d'un vin gazéifié, il ne sera pas du tout du même ordre.

Le champagne, par ses critères exigeants, par son fonctionnement même (prix du kilo de raisins fixé par le CIVC, long temps d'immobilisation sur lattes, etc.), sera sans aucun doute plus cher qu'un vin élaboré de façon plus modeste.

- Ensuite viennent le goût et le style : les bulles en méthode traditionnelle sont souvent plus fines, plus raffinées et plus précises que celles des pétillants naturels. Mais ces derniers offrent une palette de vins assez incroyables, selon les cépages utilisés, l'arrêt précoce ou non de la fermentation… Populaires, sympas, ce sont des vins « pris de mousse sans prise de tête ».
- Les bulles très sucrées sont à réserver aux fins de repas ou aux goûters : leur douceur sera bienvenue.

LES VINS BIO OU BIODYNAMIQUES : *la jungle des labels*

DIFFICILE PARFOIS DE COMPRENDRE CE QU'EST UN VIN BIOLOGIQUE OU BIODYNAMIQUE, QUELLES SONT LES SIGNIFICATIONS DES DIFFÉRENTS LABELS, CE QU'ILS ENGLOBENT. OFFRENT-ILS DES GARANTIES TANGIBLES ? ET EN MATIÈRE DE GOÛT, SONT-CE VRAIMENT DES VINS DIFFÉRENTS ?

Le point sur le i du bio

Le vin bio existe depuis 2012 : avant ça, seuls les raisins étaient garantis bio. Dans l'acception générale, il ne peut s'agir que d'un vin non trafiqué, sans pesticides, naturel et respectueux de l'environnement. Est-ce toujours vrai ?

- Non trafiqué : l'ensemble des labels qui régissent les vins bio est plutôt d'accord quant au fait de ne pas manipuler le vin par des procédés physiques/chimiques qui tendraient à le transformer en « trichant ». L'osmose inverse – par exemple, un système de purification et de concentration du moût au travers d'un filtre sous pression qui force les molécules d'eau à franchir la membrane – est interdite.
- Sans pesticides : ceux de synthèses sont interdits, mais les pesticides « naturels », en général issus de végétaux ou de minerai, sont encouragés, supportés ou déconseillés selon le degré de tolérance desdits labels.
- Naturels : bio ne veut pas dire « vins naturels ». Les vins naturels sont logiquement minimum bio, mais tous les vins bio ne sont pas naturels.
- Respectueux de l'environnement : selon les labels, là aussi, les normes varient. Mais, en général, dans chaque cahier des charges, il y a une clause concernant le respect environnemental et animalier.

Décoder les labels

- Ecocert est une société de certification à laquelle nombre de vignerons font appel.
- AB est un label reconnu à l'échelle européenne. Les semences et plants employés doivent être des produits labellisés AB et ne pas être issus d'OGM. La fertilité et l'activité du sol doivent être maintenues ou augmentées. Les amendements, à condition qu'ils ne soient pas de nature industrielle ou chimique, sont autorisés. La lutte biologique est préconisée, en introduisant les prédateurs des animaux nuisibles dans le vignoble – des canards chasseurs d'escargots, par exemple – ou en pratiquant la confusion sexuelle. On peut aussi introduire des virus, comme celui de la granulose, spécifiquement mortel pour certaines espèces.

◦ Nature et Progrès : les bouteilles affichant leur logo ne contiennent pas de colorants, de gélatine animale ni de levures, et ne se voient pas ajouter de sucre. Le soufre est autorisé, avec un apport maximum deux fois moins important que celui que se donne l'Europe comme limite.

◦ Biodyvin et Déméter : ces deux labels différents regroupent des vignerons en biodynamie, un mouvement sciento-philosophico-ésotérique initié par les conférences et les écrits de Rudolf Steiner.

La biodynamie

Qu'a-t-il écrit de si particulier, ce brave Rudolf ? Des phrases comme *« Manger des pommes de terre est un des facteurs ayant rendu les hommes et les animaux matérialistes »*. Plus sérieusement, la biodynamie est du bio poussé au maximum. Aucun agent d'origine non naturelle n'est autorisé. Tout doit pouvoir retourner à la nature, donc être biodégradable. Lutte intégrée et lutte biologique sont poussées à fond. Des préparations à base de plantes (prêle, camomille), de bouse de vache ou de minerai (silice) enrichissent, corrigent ou soignent. Cuivre et soufre sont utilisés aussi, avec parcimonie. La biodynamie se base également sur l'observation des cycles lunaires qui déterminent les moments où il faut amender, dynamiser, récolter, etc. Des domaines très réputés usent de cette méthode, avec succès.

Le faux bio : le raisonné

Le label Terra Vitis certifie la viticulture raisonnée, donc pas bio : l'association encourage sur le papier une viticulture plus propre, avec des recommandations sans contraintes, notamment en prônant les interactions entre animaux, plantes et humains afin qu'ils créent une symbiose. Un exemple concret : envoyer les animaux dans les vignobles post-vendanges pour qu'ils nettoient les sols (et accessoirement les fertilisent en y faisant caca). En réalité, ils utilisent nombre de produits phyto ou engrais interdits en bio.

Vin nature(l) :
DE QUOI ON PARLE ?

LE VIN NATURE, AUSSI APPELÉ « VIN NATUREL », FAIT COULER BEAUCOUP D'ENCRE : PICRATE BOURRÉ DE DÉFAUTS DESTINÉ AUX BOBOS POUR LES UNS, VINS BEAUCOUP PLUS EXPRESSIFS ET VIVANTS POUR LES AUTRES, LE MOUVEMENT « NATUREL » PRÊCHE POUR UN RETOUR À PLUS DE SIMPLICITÉ.

PAS DE LABEL

Des discussions sont en cours pour donner une existence légale au vin naturel, néanmoins elles risquent d'être houleuses : la question des intrants (soufre compris) et de la transparence sur les techniques utilisées reste un point de discorde. Certains craignent en outre une récupération du mouvement par les industriels si les labels ne sont pas assez contraignants.

DES IDÉES REÇUES

Ce mouvement n'est pas neuf, bien que sa mise en lumière soit récente. Certains vins sont produits « nature » depuis plus de trente ans ! Le plus grand reproche fait au nature est justement d'utiliser le terme… « nature » ! Ses détracteurs arguent du fait que si on laisse faire la nature, on obtient du vinaigre. Le choix du terme s'est fait en opposition aux méthodes industrielles – ou conventionnelles – de viticulture et de vinification. Pour faire un vin nature, le raisin doit être cultivé biologiquement, ce qui permettra d'utiliser les levures présentes sur sa peau. À la cave, les interventions sont minimisées, mais avec une hygiène irréprochable et une surveillance poussée. Le terme « intrant » revient souvent en vinification naturelle : il s'agit de tous les adjuvants correcteurs ou améliorateurs que les nature s'interdisent. La plupart des vignerons nature tolèrent le soufre – les fameux sulfites – en très petites quantités, évidemment. « Nature » ne veut pas toujours dire « sans soufre ».

BIZARRE, VOUS AVEZ DIT BIZARRE…

Dans l'imaginaire, le vin nature est un vin déviant ou oxydé prématurément : c'est là qu'il faut faire le distinguo entre les erreurs de vinification ou les contaminations, et les « défauts » passagers comme la réduction, qui est un processus naturel et qui sera parfois plus marquée sur ce type de vin. Autre reproche fait au nature : gommer l'effet terroir par un usage insistant de la macération carbonique. Pourtant, cette dernière n'est pas inéluctable. Les tout meilleurs nature prennent en général leur temps, tranquillement, pour livrer un fruit pur et sans artifices.

ET AU GOÛT ?

Qu'ils soient bio, biodynamiques, nature, l'important est qu'ils soient bons ! Ce qui est le cas de beaucoup, et heureusement ! Toutefois, gardez à l'esprit qu'un mode de culture irréprochable n'induit pas forcément d'être un grand vinificateur. Faites-vous conseiller, soyez curieux, et goûtez !

LES SULFITES, *est-ce dangereux ?*

41

LES SULFITES DONT ON TROUVE MENTION SUR LES BOUTEILLES PEUVENT EFFRAYER UN PUBLIC MOINS AVERTI. LE GRAND MÉCHANT SOUFRE, PLUS EXACTEMENT LE DIOXYDE DE SOUFRE, EST UTILISÉ SOUS DIFFÉRENTES FORMES ET EST REPRIS SOUS L'APPELLATION GÉNÉRIQUE DE « SULFITES ».

UN PARFUM DIABOLIQUE

Il est devenu l'ennemi public numéro un du monde du vin. Pourtant, c'est lui qui a fait basculer la vinification dans l'ère moderne, permettant aux vignerons de mieux comprendre et stabiliser leurs vins. Avant de le diaboliser, il est intéressant de bien comprendre ses usages.
Le soufre, ou SO_2 pour les intimes, agit de plusieurs façons :

- il prévient l'oxydation ;
- il a un effet anti-brunissement ;
- il est antiseptique : il agit contre le développement de certaines bactéries ou micro-organismes indésirables ;
- il est stabilisant : dans une certaine mesure, il inhibe l'action des levures. Mais dès que le soufre est digéré (combiné) – ce qui arrive pendant l'élevage – sa partie active diminue.

Le milieu joue son rôle : un pH élevé, et il sera moins efficace. C'est pourquoi on couple souvent cette action avec d'autres procédés techniques (filtration, collage, mise au froid).

ALLERGISANT ?

Certaines personnes évoquent une intolérance, voire une allergie, aux sulfites. Maux de tête, rougeurs, nausées... Hélas, le vin sans soufre n'existe pas : tous les vins en contiennent, naturellement dégagés lors de la vinification. La mention de leur présence est obligatoire s'ils dépassent 10 mg/l.
Si vous y êtes sensible, ce n'est pas du vin dont il faut vous méfier le plus, mais des fruits secs ! Ils font partie des aliments traités avec les plus grosses quantités de sulfites.

QUAND L'UTILISE-T-ON ?

- À la vigne sous sa forme fleur, étape obligatoire, et pour nettoyer les barriques.
- Pendant la vendange où il évite un démarrage incontrôlé de fermentation alcoolique.
- À la fin de la fermentation alcoolique.
- Pour stopper la malolactique qui fait chuter l'acidité des vins.
- Lors des soutirages, c'est-à-dire quand on transvase le vin dans un autre contenant.
- Juste avant la mise en bouteille.
- Lors du mutage.

Certaines de ces étapes peuvent être zappées. Toutes ? Se passer complètement du SO_2 en vinification est un exercice périlleux mais pas impossible : les conditions d'hygiène devront être drastiques. Selon les labels, les doses de soufre autorisées peuvent varier du simple au double : un vigneron consciencieux n'en usera pas à dose d'éléphant.

Coller, C'EST QUOI ?

42

VOUS AVEZ DÉJÀ FAIT UN BOUILLON ? PAS LES TRUCS EN CUBE, UN VRAI BOUILLON MAISON ? ALORS VOUS AVEZ CONSTATÉ QUE DES « YEUX » Y NAGENT ALLÈGREMENT. POUR LE RENDRE CLAIR, BRILLANT ET LIMPIDE, VOUS PASSEZ AVEC UNE ÉCUMOIRE EN SURFACE POUR LE « NETTOYER ».

ALLÔ ! À L'ŒUF !

Parfois, vous y ajoutez un blanc d'œuf. Magie : l'albumine va agglutiner toutes les particules en suspension. Il ne restera qu'à se débarrasser de cet amas qui flotte. Pour le vin, c'est le même principe : les protéines ont en commun la particularité de floculer (comme un attrape-poussières) et de ramasser ainsi toutes les particules indésirables. Elles poursuivent un même but : clarifier le vin, le rendre bien brillant, voire le stabiliser. Au cours des années, divers types de protéines ont été utilisés : le sang de bœuf, la caséine, la gélatine, l'albumine, la colle de poisson (ou ichtyocolle). On raconte que les cannelés de Bordeaux sont nés de cette pratique : les femmes, économes, récupéraient les jaunes d'œuf en cuisine tandis que les blancs servaient à coller le vin. Le collage aux blancs d'œuf ne se pratique quasiment plus, mais heureusement on continue à manger les délices bordelais.

BIO = NON COLLÉ ?

Le collage est autorisé en bio. Libre à chaque producteur de l'utiliser ou non, peu importe la nature des colles. De plus en plus, les vignerons utilisent la mention « non collé » (voire « non collé non filtré ») sur leurs étiquettes : c'est déjà un bon indice. Sinon, interrogez le vigneron ou bien le caviste. À défaut, observez : un vin jeune avec un dépôt a beaucoup de chances de n'être pas collé. Pour les vins naturels ou nature, le collage est le plus souvent évité.

DES COLLES TOUJOURS ANIMALES ?

La question des colles d'origine animale inquiète les végétariens : il existe des alternatives végétales comme des argiles naturelles, des alginates obtenus à base d'algues ou des produits de l'industrie, comme la crospovidone (PVPP ou polyvinylpolypyrrolidone). Elles ne sont toutefois pas la solution idéale, soit parce qu'elles seraient potentiellement nocives, soit parce que leur efficacité n'est pas totale : les alginates, par exemple, doivent être suivies d'une filtration. Une solution toute trouvée serait de ne pas coller… Mais avec quelles conséquences ?

ÇA NE COLLE PAS

Deux possibilités, selon que l'on agit très vite ou qu'on se laisse de la marge :

- la mise en bouteille est faite rapidement : le vin est trouble, terne et avec des flotteurs. C'est dérangeant ou pas, selon à qui l'on s'adresse ;
- le temps et la gravité agissent : les matières en suspension finissent par précipiter (mais pas forcément toutes). Il se produit un dépôt, qu'on pourra choisir d'éliminer par soutirage, filtration, ou de conserver.

Au-delà de cette utilisation de protéines parfois

animales, qui pose une colle aux végétariens, certains vignerons pointent le fait que la colle arrondit trop ou lisse trop certains vins, et ils préfèrent ne pas utiliser cette technique. Pour préserver l'intégrité du vin et de son fruit, ils zappent parfois aussi l'étape de la filtration, qui aurait tendance à amaigrir le vin si elle est mal faite/préparée. Un choix qui n'est pas anodin.

NE PAS COLLER, C'EST RISQUÉ ?

Oui et non : un vin « vivant » avec un dépôt est toujours susceptible de partir en sucette. Pour peu qu'il subsiste un peu de levures, un peu de sucres, il pourrait re-fermenter en bouteille. C'est un à-côté un peu embêtant. Pour éviter tout souci, on peut toujours adjoindre un peu de soufre à la mise en bouteille pour empêcher les levures de bosser. Ce n'est pas miraculeux : dès que le soufre est digéré (combiné), sa partie active diminue, et c'est la fête au village potentielle. Donc, le plus possible, on évite de conserver des vins au chaud ; le mieux, à l'abri de la lumière et des vibrations, dans un endroit humide et frais. Cela vaut de toute façon pour tous les vins ! À bon entendeur...

APPRENDRE À DÉGUSTER : *rien de (très) compliqué !*

POURQUOI ON DÉGUSTE ? POUR SAVOIR SI LE VIN EST BON ? POUR SAVOIR S'IL VA BIEN VIEILLIR ? QUE CHERCHE-T-ON EN DÉGUSTANT ? EST-CE QU'IL Y A UN MODE D'EMPLOI ? COMMENT METTRE DES MOTS SUR SES SENSATIONS ? COMMENT PARLER DE VIN « COMME UN PRO » ?

Déguster : quand ?

- Pour acheter un vin, chez un producteur ou un caviste : on souhaite tester pour voir si ça nous plaît.
- Pour comparer des vins entre eux.
- Pour tester un accord précis avec un plat.

Le principe, c'est d'observer sous toutes les formes possibles un vin, afin d'en avoir une idée complète, qualités et défauts compris.

Les as de la dégustation

De nombreux films et livres présentent des cracks en dégustation, capables de reconnaître à l'aveugle un vin, son millésime, sa provenance, le domaine, et même le sexe du cheval qui a labouré la vigne. Ils ne représentent pas l'immense majorité des dégustateurs, rassurez-vous ! L'important, c'est la concentration et la constance. Plus vous goûterez, avec des amis ou chez des vignerons, plus vous serez à l'aise et plus votre vocabulaire s'étoffera. N'ayez surtout pas peur de « mal » goûter : faites-vous confiance avant tout. La dégustation n'est pas réservée aux pros !

Une bibliothèque de souvenirs

Voyez tous les vins comme des livres rangés dans une bibliothèque fictive. Chaque vin dégusté est un résumé de ce livre, archivé. Plus vous dégusterez, plus les résumés seront complexes et détaillés : la mémoire a cette capacité formidable de pouvoir être entraînée, plus on fait appel à elle, plus elle réalise de connexions. À quoi est-ce que ça sert ? Si on a déjà dégusté un sancerre, on pourra lui reconnaître une parentèle avec un menetou-salon (même région, même cépage, appellations proches) et, donc, choisir du vin plus facilement.

Par étapes

- Il faut commencer par se mettre soi et le/les vins en bonne condition. Eux, doivent être à la bonne température, ni trop chauds ni trop froids, et vous, dans un environnement neutre : ni musique ni odeurs, mais une bonne luminosité.
- Observer la couleur et la brillance : un vin mat paraît triste ; brillant, il est engageant. La couleur est un indice, pas une vérité absolue pour connaître l'état de forme du pinard. Un vin rouge dont les bords du disque (= la surface du vin qui est en contact avec l'oxygène dans le verre) sont orange est probablement déjà un peu âgé. Violets, au contraire, lesdits bords indiquent peut-être un vin assez jeune.
- Humer sans secouer le verre : c'est ce qu'on appelle « le premier nez ».
- Attraper le verre par la jambe, entre pouce et index, et imprimer avec le poignet un mouvement de rotation au verre avant de sentir de nouveau : ce second nez sera plus précis.

o Goûter et grumer : c'est-à-dire garder du vin en bouche en insufflant de l'air.

o Cracher : il n'est absolument pas nécessaire d'avaler pour bien goûter. En réalité, le gros du travail de dégustation est fait par le nez. D'abord en sentant le vin à proprement parler, puis en le faisant circuler dans la bouche (ce qu'on appelle « rétro-nasal »). Les arômes vont se diffuser gentiment, ce qui nous fera dire *« ça goûte la cerise/le cuberdon/le cul de chevreau »*. Toutes les expressions à base de papilles sont peu ou prou fausses. Elles servent surtout à déterminer les sensations sucrées, amères, acides, salées. Les sensations tactiles comme une sécheresse sur les joues, le palais ou les gencives, aident, quant à elles, à quantifier les tannins et leur état.

o La dernière chose à noter est la persistance aromatique, c'est-à-dire le temps où la perception du vin est présente en bouche. L'unité de cette mesure est la caudalie.

D'AUTRES TYPES DE DÉGUSTATION

> Une dégustation à l'aveugle : désigner une personne qui choisit et emballe les bouteilles, puis les sert. Jouer à deviner quelle peut être la couleur du vin servi sans le voir est un excellent exercice d'humilité (et un jeu parfait si on a des potes pas trop mauvais perdants).

> La dégustation verticale (qui n'est pas une dégust' debout) consiste à prendre le même vin sur plusieurs millésimes et à constater les différences qu'il peut y avoir. C'est l'inverse de l'horizontale qui, elle, présente un seul millésime pour plusieurs vins.

Décrire les vins,
ET S'ADRESSER AUX PROS : UN DÉFI ?

46

COMBIEN SE SONT RETROUVÉS BAFOUILLANT DEVANT UN SOMMELIER OU UN CAVISTE ? QUE L'ON SE RASSURE, C'EST UNE CRAINTE TRÈS PARTAGÉE, CERTAINEMENT ENTRETENUE PAR DES PROS SOUHAITANT GARDER SECRET LEUR PRÉCIEUX SAVOIR. QUEL VOCABULAIRE FAUT-IL MAÎTRISER ?

DÉCOMPLEXEZ !

Le goût est subjectif : il est lié à la physiologie, au passé de l'individu, à son milieu culturel… Un tas de facteurs qui font que, face à la dégustation, personne n'a tout à fait les mêmes ressentis ni les mêmes aptitudes à les retranscrire précisément. Pourtant, comme pour une compétition sportive, palais et nez s'entraînent. Il en est de même pour le vocabulaire, qui s'apprend.
Au fur et à mesure des dégustations et des lectures, vous apprendrez ce qu'est un vin monolithique (marqué par l'acidité ou les tannins) ou aux tannins fourrés (sensation précieuse d'onctuosité et de velouté).

CINQ MOTS IMPORTANTS

L'essentiel de la dégustation tient en cinq mots, à bien connaître.

- Le tannin : c'est une composante de tous les vins, plus ou moins présente selon la couleur, l'origine et la vinification. C'est le tannin qui, dans les rouges puissants, donne – parfois – cette sensation de sécheresse dans la bouche. Un vin tannique est le plus souvent un vin de garde.
- L'acidité : également qualifiée de « fraîcheur » (un terme souvent utilisé car moins connoté), l'acidité est cette sensation nerveuse – recherchée sur les blancs, de plus en plus encouragée sur les rouges – qui donne du peps au vin et le rend agréable à boire.
- Le sucre : liquoreux, moelleux, doux, demi-sec, sec… Il existe divers dosages de sucre dans les vins. Dans ces types de blancs, son niveau va décroissant : un vin sec sera donc un vin avec un faible résidu de sucres.
- Le fruit : source de discorde ! L'erreur courante consiste à assimiler le terme « fruité » à un produit sucré. Ce qui n'est pas forcément le cas, car un vin peut sentir le pamplemousse ou la cerise et être sec. Fruité égale fruit, rien de bien sorcier.
- L'alcool : toujours présent, l'alcool est au vin ce que la caresse est à la peau. Maîtrisée, c'est une douce chaleur. Trop brutale, elle est désagréable.

LE PLUS SIMPLE = LE MIEUX

**Pour commander du vin au resto, ou acheter chez un caviste, ne roulez pas des mécaniques. Faites simple : précisez votre budget, vos goûts ou ceux de la personne à laquelle vous offrez, le contexte (repas).
Mieux, racontez une histoire ! Ce parfum de mûres, celui que vous sentiez en forêt avec votre grand-père, vous l'adorez ? Dites-le. Le sommelier ou le caviste pourront facilement vous aiguiller vers un vin du même type.
Et souvenez-vous des cinq mots : la clé pour décrire sans se tromper.**

D'autres secondaires

Ceux-ci vous aideront à compléter, au fur et à mesure, vos descriptions. Un vin « fûté » pue le tonneau ; celui qui est « coulant » se révèle souple et facile à boire. La « mâche » est une consistance épaisse et riche en tannins, sans raconter de salades. Quant à « l'empyreumatique », c'est d'empyre en pire. Voyez des pneus brûlés : vous y êtes. Une odeur âcre, le plus souvent désagréable. Un cru est quelquefois qualifié de « soyeux », voire « séveux » : il donne une impression sirupeuse. Le mot « vineux » s'emploie souvent quand il s'agit de champagnes. Outre les mots franchement très techniques, on dit d'un vin qu'il a de la cuisse, une belle robe, de la chair, de la bouche, du croquant, de la matière, qu'il est tendu, qu'il claque : un vocabulaire imagé qui laisse peu de place au doute. Gardez juste à l'esprit que si le vin est un langage, il est important de bien se faire comprendre : filez la métaphore, pourquoi pas, mais restez accessible.

Combinez

Maintenant, à vous de jouer avec les cinq composants principaux. Seuls ou cumulés… Vous avez toutes les armes en main pour décrire les vins. Toutes ? Affirmatif ! Il suffira d'y greffer un peu de vocabulaire plutôt usuel. Pour accompagner un poisson, on peut demander un vin blanc sec et un peu fruité. Pour une viande d'agneau, un rouge tannique et épicé.

Cabernet Sauvignon
GOÛTER
Le ba
BOUTEILLE
Végétale
PICOLER
Le Crachoir
Les AOP
OENOLOGIE
MIAM
Grands
HERMITAGE
bouch
Languedoc
Châteaux
Millesime
FESTIF
Du Rosé!
TONNEAU
Moelleu
BIEN VIEILLIR
carafe
BLANC
du dépôt
des bulles
La Robe
Muscats
Barrique
raisin
BORDEAU
BRUT
La Récolte
Crémant
ROUGE
SUR
BLAN
DU PARFUM
Décanter
verre
ou
crist
DU PAIN DU VIN
SOMMELIER
VIN DE FRAN
jamais
LE PLAIS
DES
COPAINS
Languedoc
en carafe
au
REPA

SAVOIR LE CHOISIR

QU'EST-CE
qu'un bon vin ?

IL EST TENTANT DE SOUPIRER « *TOUS LES MÊMES* », COMME EN POLITIQUE, POUR ÉLUDER LA QUESTION. EN FAIT, TOUT N'EST PAS SI SIMPLE, CE QUI N'EMPÊCHE QUE CE N'EST PAS TRÈS COMPLIQUÉ NON PLUS. PAS DE STRESS, VOICI L'EXPLICATION.

Pensons à l'envers

Un mauvais vin est celui qui présente un ou plusieurs défauts, qu'ils soient liés au bouchon, à des contaminations diverses, à des erreurs de vinification ou bien à des problèmes de conservation. C'est aussi celui qui est âpre, ou trop acide, ou qui sent la vieille chaussette, ou qui est bien trop tannique pour être honnête. Il vous semble passé, maigre, il pue ? Mauvais ! En suivant cette logique, le bon, c'est un vin exempt de défauts ? Oui, mais pas seulement. Un bon vin mal servi, à la mauvaise température ou avec un plat qui ne lui convient pas, peut devenir tout à fait infâme. Essayez sauternes jeune et olives vertes, pour voir.

Des critères variés

Certains s'attacheront à ce qu'il soit uniquement bio, d'autres ne jureront que par certaines appellations ou terroirs, ou bien envisageront l'angle rapport qualité-prix, chercheront à ce qu'il soit fait par un vigneron attentif et impliqué, ou plus simplement qu'il épate beau-papa. Le « bon » vin de l'un n'est pas forcément celui de l'autre. Si objectivement un vin est réussi, vous ne l'aimerez peut-être pas pour autant : indépendamment de son étiquette, c'est celui qui fait plaisir à boire. Il vient d'une appellation peu réputée, mais vous l'adorez ? C'est tout ce qui compte. Le meilleur conseil à donner à quelqu'un qui débute : goûter ! Le plus possible, pour apprivoiser vos propres goûts : ils seront vos seuls maîtres.
Le bon vin, c'est celui qui nous plaît, point !

À quel prix acheter
POUR ÊTRE CERTAIN QUE CE SOIT BON ?

VOUS ÊTES DEVANT UN RAYON REMPLI DE VINS, À TOUS LES PRIX. PERDU. COMMENT SAVOIR SI VOUS FAITES LE BON CHOIX ? AVANT DE DEMANDER L'AVIS À UN PRO, QUELQUES REPÈRES POUR NE PAS SE TROMPER.

JAMAIS À MOINS DE 4 EUROS

Disons que ce sera votre limite. Pourquoi ? Parce qu'il est très difficile d'avoir un jus correct en dessous. Produire, ça coûte, et pas pareil selon les régions : chauffer un grand château à Bordeaux, changer de bagnole tous les mois ou faire le plein du jet, c'est plus cher qu'un mas en Languedoc avec un vélo pour moyen de transport. Plus sérieusement : foncier, fiscalité, coûts salariaux, et surtout climat, topographie et rendement du domaine font varier très fortement les prix.
Un vin qui doit subir un élevage long ne sera pas vendu au même prix qu'un vin primeur. Pareil pour un vin moelleux aux raisins vendangés plus tard, avec un rendement plus faible et le risque de tout perdre, par rapport à un vin sec.

COMMENT SAVOIR SI ON ACHÈTE « JUSTE » ?

On se pose les questions suivantes :

- est-ce un vin bio ?
- de faible rendement ?
- a-t-il subi un élevage ?
- a-t-il été récolté tardivement ?
- a-t-il fait l'objet d'une vinification spéciale ?
- vient-il d'une région/appellation réputée(s) ?

À chaque oui, on augmente un peu sa « valeur » et, par conséquent, son prix. Il faut donc savoir ce que l'on cherche et, en fonction, l'échelle des prix se fera toute seule.

DU COUP, ON ACHÈTE QUOI ?

> Entre 4 et 8 euros, des vins simples et faciles à boire, qui viennent de régions comme le Languedoc, la Loire, le Sud-Ouest…

> Entre 8 et 15 euros, on trouve beaucoup plus de choix et on a accès à quasi toutes les régions françaises. Que l'on cherche un vin de copain ou une belle appellation, c'est la bonne tranche.

> Entre 15 et 50 euros, ça commence à être sérieux : vins de garde, rares ou étiquettes plus chics. C'est aussi la bonne zone pour les champagnes. Pourquoi ne trouve-t-on pas de champagnes à 4 euros ? Parce que c'est impossible. Un kilo de raisin en champagne coûte environ 7 euros. Pour élaborer une bouteille, il en faut environ 1,2 kg. Un prix de base auquel il faut ajouter les composants de la bouteille (bouchon, verre, capsule, habillage), l'immobilisation (dix-huit mois minimum), les différentes taxes, le marketing, les marges…

> Au-delà de 50 ? Luxe et volupté, du moins on peut l'espérer. Et ces vins qui se vendent à plusieurs centaines, voire milliers d'euros ? Intrinsèquement, aucun vin ne « vaut » ces sommes : passé un certain seuil, on achète aussi et surtout une réputation : il faut le savoir.

GRANDE SURFACE, CAVISTE, INTERNET : *où acheter malin ?*

52

BIEN SÛR, LA GRANDE SURFACE EST ACCESSIBLE ET OFFRE DE LARGES GAMMES. MAIS LE CAVISTE CONSEILLE ET EST FLEXIBLE. QUANT À INTERNET, SI LE CONSEIL N'Y EST PAS PERSONNALISÉ, C'EST UNE FAÇON ULTRA-SIMPLE D'ACHETER, SITES ET APPLICATIONS DÉDIÉES SE MULTIPLIANT.

DES VINS DIFFÉRENTS ?

Oui, et non. Il peut arriver que le caviste, la grande distribution ou les sites internet vendent les mêmes vins, surtout en ce qui concerne tous les vins « connus » susceptibles d'attirer du public. Pour des raisons structurelles, la grande surface ou les chaînes de cavistes travailleront plutôt avec des domaines aux moyennes ou grosses productions, avec pour l'essentiel des sélections uniformes, lisses ou rassurantes selon le point de vue, tandis qu'un caviste indépendant proposera davantage des sélections plus personnelles. Le distinguo par la taille des exploitations peut paraître assez simpliste : tous les « gros producteurs » ne sont pas de méchants industriels assoiffés de sang et grignoteurs d'enfants, et tous les petits ne sont pas forcément des génies de la vinification non plus : reste que si on cherche un vin original et de caractère, la balance penche d'un côté.

GRANDE DISTRIBUTION OU CAVISTES ?

Chez le caviste indépendant, le choix peut être vaste et iconoclaste : cuvées rares, vignerons encore peu mis en lumière, vins artisans, nature. L'indépendance est le maître mot et la sélection personnelle est son point fort. Non, tous les monbazillac (ou autres appellations) ne se valent pas, il y a de vraies disparités et un monde à découvrir. Il prendra aussi plus de « risques » qu'une grande enseigne, avec des appellations méconnues ou des domaines montants. Proche de ses vins et des vignerons, le caviste saura expliquer, conseiller, raconter l'anecdote tip-top, ce que font encore peu les grands magasins. En gros, le caviste joue un rôle de dénicheur, quand il est efficace et compétent.

ET SUR INTERNET ?

Sites de cavistes, de grande distribution, de vignerons, de vente de particuliers, aux enchères, et applications dédiées, les offres foisonnent. Pour acheter astucieux :

- Comparer les prix : d'un vin à l'autre, les différences peuvent être énormes. Si un prix trop bas doit vous mettre la puce à l'oreille, ne soyez pas pigeons non plus si le prix est excessif.
- Attention aux frais de port : offerts pour un certain montant, ou comptés en plus de la commande ? Vérifiez : d'un système de livraison à l'autre, ça peut douiller.
- Examiner les conditions de vente : que faire en cas de perte/casse du colis, existe-t-il une assurance ? Et si les bouteilles sont bouchonnées ou défectueuses ?
- S'assurer de la réputation en ligne du site : fiabilité, respect des délais, etc.

Les box (abonnements) vins ?

C'est tendance : vous vous inscrivez sur le net et recevez tous les mois un colis de vins thématique. Là aussi, selon les sites, les offres peuvent être très diverses, inintéressantes, chères, trop formatées ou au contraire vous permettant de faire de réelles découvertes. C'est le clé en main qui vous plaît ? Renseignez-vous avant, testez juste un mois d'abord… Une bonne box, outre proposer de jolis vins, devrait contenir au moins un mot d'explication pour chacun, histoire d'apprendre deux-trois trucs.

Plus cher chez le caviste ?

Le cliché le plus courant est « *On ne trouve pas de vins bon marché chez les cavistes* ». C'est faux.
Pas de miracle : il y a un prix minimum pour la qualité, on vient de l'évoquer. Cela dit, un bon caviste proposera une gamme large de vins, pour toutes les bourses. Du vin « quotidien » à la bouteille d'exception, on y trouve de tout. Et même des Bag-in-Box : économiques et écologiques, c'est un vrai bon plan pour ne pas se ruiner en faisant du bien à la planète.

RECONNAÎTRE LE BON CAVISTE
et le débusquer sans appeau

54

TROUVER SON CAVISTE – CELUI QU'ON A PLAISIR À ALLER VOIR, PAS JUSTE PARCE QU'IL VEND DE CHOUETTES VINS, MAIS AUSSI PARCE QU'IL NOUS AIGUILLE REMARQUABLEMENT – EST COMPLIQUÉ ? ET SI LA PERLE RARE N'ÉTAIT PAS SI DIFFICILE À TROUVER ? QUELQUES PISTES…

FIN PSYCHOLOGUE

Un caviste, c'est comme un docteur : si ce qu'on attend de lui en premier ce sont de sérieuses compétences (une gamme cohérente et variée qu'il connaît sur le bout des doigts et sait conseiller), se sentir écouté et compris fait vraiment la différence. Sans en faire forcément un pote – quoique – c'est bien d'avoir quelques affinités : en se basant sur vos choix et commentaires précédents, mais aussi votre caractère, il saura dénicher à coup sûr le vin que vous kifferez.

PÉDAGOGUE MAIS PAS PÉDANT

Qui a envie de se prendre un cours magistral, et accessoirement de se sentir aussi malin qu'un mérou mort, alors qu'il va juste chercher du vin ? Personne. Il prend le temps de discuter avec vous, n'impose rien, mais propose et explique pourquoi il vous parle de tel vin plutôt que d'un autre ? Il respecte votre budget et vos goûts et, bien que vous n'aimiez pas le vin blanc avec le poisson, se débrouille pour vous dégoter le rouge parfait ? Il renouvelle régulièrement ses vins et vous évite l'ennui ? Vous avez tiré le bon numéro !

SUR SA PISTE

Forums, blogs et magazines spécialisés donnent régulièrement de bonnes adresses. Pourquoi pas demander aux vignerons eux-mêmes ? Ils ont en général une idée très précise d'avec qui ils travaillent. Vous déménagez et allez regretter le vôtre ? Interrogez-le, il connaît ses confrères et vous aidera sans doute.
Faites aussi confiance au bouche-à-oreille : un bon caviste c'est précieux, et son adresse se refile entre initiés.

Vignerons indépendants
OU CAVES COOPÉRATIVES ?

55

AVEC UN POIL DE MAUVAISE FOI, VOILÀ UN CHAPITRE QU'ON N'ABORDERAIT MÊME PAS. TIRER SUR LA COOP' QUI, DE TOUTE FAÇON, NE FAIT RIEN DE BON ? UN PEU SIMPLISTE, MÊME SI TOUT N'Y EST PAS TOUJOURS FORMIDABLE. ENCENSER L'INDÉ QUI EST FORCÉMENT UN GÉNIE ? NON PLUS.

LES VINS DE COOP', C'EST DÉGUEULASSE

La vieille cave coop' aux vins imbuvables qu'on achète en vrac et qu'on tire dans des bouteilles en plastique a vécu. Au départ, la coopérative propose un outil de production et de logistique mis en commun pour l'ensemble de ses coopérateurs, soumis à un cahier des charges. La coop' a su évoluer en proposant aux vignerons d'élaborer des cuvées « personnelles », par exemple. Elle ne fait plus seulement une production de masse à bas coût pour inonder les marchés. Halte au cliché : si les énormes coopératives regroupant des centaines d'adhérents sont une réalité, il existe aussi sur le terrain des entités plus petites, de plusieurs dizaines de vignerons seulement. Le point fort des coopératives ? Des vins sans défauts – parce que très contrôlés – vendus en bouteille à des prix généralement doux et, à l'occasion, quelques cuvées valant le détour.

INDÉS, TOUS GÉNIAUX

Ou pas. Ce qui fait la différence entre un bon vigneron et un mauvais ? C'est comme entre un bon et un mauvais chasseur. Blague à part : le soin apporté à ses vignes, à ses vins, à leur commercialisation... Un vigneron indépendant doit savoir tout gérer, de la production à la vente. Pas donné à tout le monde. Comme il ne suffit pas d'être un petit domaine pour faire bon, être indépendant ne garantit pas forcément la qualité. Une seule solution : se renseigner sur les méthodes de culture, les vinifications et, si on le peut, faire un tour au domaine ! Les tailles d'exploitations, les productions, les vignerons eux-mêmes, peuvent être tellement différents qu'il est compliqué de généraliser.

VIGNERON INDÉPENDANT : C'EST PROTÉGÉ !

Depuis 1978 exactement, avec la création du Syndicat des vignerons indépendants. Son rôle ? Les défendre et les promouvoir. Bien évidemment, il faut respecter un certain nombre de conditions pour y adhérer : faire du vin issu de ses propres raisins, élever, mettre en bouteille et commercialiser soi-même. Au fil des années, le syndic' a développé pas mal d'outils : concours, salons des vignerons indépendants et même, récemment, un site de vente directe aux consommateurs.
À travers la France, c'est ainsi plus de 7000 vignerons qui se retrouvent sous ce label.

Tout, tout, tout
VOUS SAUREZ TOUT DE L'ÉTIQUETTE

56

EN FRANCE, LES ÉTIQUETTES DE VIN SONT TRÈS CONTRÔLÉES, ON NE PEUT PAS Y FAIRE FIGURER N'IMPORTE QUOI : BIEN ENTENDU, LE CONTENU DOIT ÊTRE LE REFLET EXACT DE CE QUI EST INDIQUÉ, SINON AMENDES ET MÊME CASE PRISON À LA CLÉ ! CERTAINES MENTIONS SONT OBLIGATOIRES, D'AUTRES FACULTATIVES.

Obligatoires !

- La dénomination de vente et de catégorie : soit AOP, AOC, IGP, vin de pays ou de France, vin mousseux, vin pétillant...
- La provenance : en complément de la dénomination de vente, elle indique le pays où le vin est produit.
- Le titre alcoométrique volumique acquis (% vol.).
- La contenance.
- L'embouteilleur qui n'est pas forcément le vigneron lui-même. « Au château », c'est dans l'exploitation du producteur. « À la propriété », dans un groupement de producteurs.
- Un numéro de lot permettant de tracer avec certitude les bouteilles produites au même moment.
- Les allergènes : « Contient des sulfites » ou *« Contains sulphits »,* qu'on retrouve sur presque tous les vins. Depuis 2012, il est également obligatoire de mentionner la présence de produits à base de lait ou d'œuf.
- Les messages sanitaires : le fameux pictogramme « Femmes enceintes » préconisant la non-consommation d'alcool.
- La teneur en sucre : obligatoire pour les vins mousseux et effervescents, facultative mais réglementée pour les autres vins.

Les mentions obligatoires, à l'exception du numéro de lot et des allergènes, doivent être regroupées dans le même champ visuel.

Le cru, du tout cuit ?

Premier, grand, cru classé, du cru en veux-tu en voilà. Pourtant, selon les régions, ils peuvent avoir des significations assez différentes : être liés à une zone précise de production, comme les villages classés « Premier cru » et « Grand cru » en Champagne, correspondre à une forme de super AOP comme en Bourgogne, ou à un classement révisable ou non comme à Bordeaux. Les crus classés de Provence, dont l'existence remonte à 1955, sont les seuls rosés au monde à arborer cette mention.

Non obligatoires mais réglementées

- Millésime et cépage(s).
- « Élevé en fût » est valable uniquement pour des vins ayant effectivement séjourné dans des contenants en bois : faire usage de cette mention exclut l'utilisation de copeaux, douelles...
- Les mentions « Clos », « Château » et « Cru » sont réservées aux AOP/AOC.

Et les vieilles vignes ?

Autorisée mais non réglementée, c'est au choix et à l'appréciation du vigneron d'user ou non de cette mention : réputées donner de meilleurs vins, plus concentrés, les « Vieilles Vignes » sont donc un argument commercial. Renseignez-vous auprès du vigneron : en dessous de 25 ans, considérez que c'est du pur boniment.

DÉCALÉES, ÇA FAIT JASER !

Le vin, avant d'être bu, doit aussi faire causer. Choquer ? Pourquoi pas. Les prudes, les traditionalistes et les difficiles à dérider pâliront ou pousseront des hauts cris en voyant certaines étiquettes. Certains vignerons tapent à dessein dans le trash, le mauvais goût, doit-on pour autant les boycotter ? La vérité est dans le vin : si l'étiquette vous a fait marrer ou vous a interpellé, c'est qu'elle a atteint sa cible. Pour ces vignerons-là, le challenge est encore plus fort et faire une étiquette à message est à double tranchant : si ce n'est pas bon, on risque de s'en souvenir pendant longtemps.

DES ŒUVRES D'ART

Une fois toutes les mentions obligatoires indiquées, le vigneron peut laisser libre cours à son imagination. En faisant appel à des artistes, aux dessins de ses propres enfants ou en jouant sur la sobriété, c'est une façon de taper dans l'œil du futur buveur. On ne devrait jamais boire un vin pour son étiquette, au sens propre ou figuré. On ne devrait pas, mais soyons honnêtes, quelquefois on le fait : au point que certains franchissent parfois la ligne jaune en utilisant sur celles-ci l'humour gras ou non, le cynisme, les jeux de mots...

Lire une carte des vins
ET, DONC, CHOISIR AU RESTAURANT

58

COURTES, SUCCINCTES OU AU CONTRAIRE BEAUCOUP TROP LONGUES, VOIRE MYSTÉRIEUSES : LIRE UNE CARTE DES VINS S'AVÈRE SOUVENT PÉRILLEUX. POURTANT, AVEC LES BONS RÉFLEXES, C'EST UN MOMENT QUI PEUT DEVENIR TRÈS AGRÉABLE, UNE SORTE DE PRÉLIMINAIRE, LOIN DE TOUT STRESS.

Faire du repérage !

De plus en plus de restos ont des sites en ligne avec, à défaut de carte complète, au moins un aperçu. Comme vous le feriez pour les menus, visionnez la carte ou, en tout cas, quelques vins proposés. C'est fort utile pour gagner en assurance au moment de commander. Surtout, décomplexez : la plupart des gens ne connaissent pas toutes les appellations françaises, ce qui ne les empêche pas d'apprécier le vin.

S'y retrouver

En général, une carte, sauf si elle est trop courte pour le permettre, présente un double classement : par couleur et par région. Parfois, le restaurateur lui-même a indiqué quelques mots pour vous aider à choisir : « vin blanc sec et fruité », « vin rouge de caractère ». On propose souvent la carte des vins après celle des menus : n'hésitez pas à bousculer cet ordre. D'abord le vin, puis les plats !

Poser des questions

La personne chargée du service des vins est là pour ça : il lui suffira de quelques indications pour vous recommander ensuite ce qui vous plaira. Utilisez des mots simples pour décrire le vin idéal selon vous, donnez en exemple celui qui vous avait particulièrement plu, ou celui que vous aviez détesté : en gros, déterminez un style. Et précisez votre budget : le plus cher n'est pas forcément le meilleur. Tentez les « petites » appellations si votre budget est serré. De véritables pépites se dénichent encore, domaines débutants ou appellations un peu moins « exposées ».

Oublier l'accord mets-vin parfait

Lisez et retenez : la perfection n'existe pas ! On peut s'en approcher à deux conditions : choisir tous le même menu et être prêt à déguster un vin différent à chaque service. À deux, cela peut être compliqué. Voilà pourquoi on peut opter pour le vin au verre. De plus en plus de restos le proposent : c'est idéal pour faire des découvertes, ou pour associer un vin précis à un plat donné. Et si le vin vous plaît vraiment, rien ne vous empêche d'en prendre une bouteille.
Vous avez le droit de préférer ne choisir qu'une seule bouteille, et tant pis si elle ne « colle » pas à tous les plats. Les compromis sont toujours possibles : un vin blanc gras et puissant ne dénotera pas sur viande et poisson. Quel que soit le vin choisi, sa couleur, son prix : l'important, c'est vous !
Votre goût prime, même si le sommelier tique parce que vous commandez du rouge sur du fromage. Il est là pour vous aiguiller, jamais pour imposer.

Oublier la carte !

Dans certains restos, c'est le patron ou le sommelier qui vous proposera des bouteilles « hors carte », des suggestions qui varient au fil des menus. D'autres présentent une sélection « clé en main » adaptée à ce que vous mangez. Et pourquoi ne pas apporter votre propre vin ? Sous réserve d'acquitter un droit de bouchon (fixe, en général), c'est une option pour goûter les vieux millésimes que Tonton Marcel vous a légués ou

les dernières trouvailles de votre caviste préféré. Une bonne carte doit être précise, évolutive et variée. Elle doit aussi être en adéquation avec le type de cuisine servi. Certaines mentions sont obligatoires sur la carte :

- la contenance ;
- le prix de vente TTC ;
- l'appellation ou la dénomination.

Le producteur, le nom de la cuvée, le millésime affinent le choix. Certains vont même jusqu'à spécifier le mode de culture (bio ou biodynamique, par exemple). Si la bouteille apportée à table ne correspond pas à ce qui est indiqué sur la carte, vous pouvez la refuser.

VIN DE TABLE OU AOP :
à quelle appellation se vouer ?

60

SUJET TRÈS COMPLEXE QUE CELUI DES APPELLATIONS : À QUOI SERVENT-ELLES, PEUT-ON S'Y FIER, OFFRENT-ELLES DES GARANTIES ? SI LES PREMIÈRES AOC REMONTENT À LA FIN DES ANNÉES 1930, LE SYSTÈME A FORTEMENT CHANGÉ. POUR LE MEILLEUR ? C'EST À VOIR.

Différentes mentions

Les appellations d'origine contrôlée (AOC) ou protégée (AOP) se différencient par une chose simple : l'AOP est une reconnaissance au niveau européen, l'AOC est nationale et constitue donc une étape vers l'AOP. De même, l'indication géographique protégée (IGP), dénomination européenne, remplace peu à peu son équivalent français le *Vin de pays*. Plus bas dans la pyramide, on trouve les vins sans indication géographique (VSIG), anciennement *Vin de table* et désormais *Vin de France*.

Superorganisme

L'INAO est en charge des AOC, AOP et IGP, mais aussi des spécialités traditionnelles garanties (STG), labels rouges (LR) et agriculture biologique (AB). Pour la partie qui nous intéresse, sont concernés 364 vins et eaux-de-vie, plus de 80 % de la production française viticole et 59,8 % de la superficie totale des vignes. Les AOP évoluent au fil des années : dernière en date, cairanne qui est passée de la dénomination côtes-du-rhône-cairanne à l'AOP cairanne tout court.

Appellations d'origine

Imaginons un super-organisme du vin, placé sous la tutelle du ministère de l'Agriculture, et appelons le « INAO ». Pour chaque appellation, ce sont aux ODG (anciens syndicats viticoles) de définir un cahier des charges précis : type de taille autorisée, cépages autorisés, méthodes diverses autorisées, adjuvants ou non, etc. L'appellation protège non seulement le nom du vin, mais aussi ses caractéristiques et son lien avec un terroir délimité : on parle de typicité. Dans l'absolu, c'est donc une excellente chose. Le respect de l'appellation est garanti par les contrôles des OI (organismes d'inspection) ou OC (organismes de contrôle). Le but étant de séparer les ODG qui créent les règles et le contrôleur qui les fait respecter.

Y a des couacs

Sauf que parfois le système fait défaut : on ne compte plus les vignerons réputés, parfois considérés comme moteurs de leur AOP, qui sortent volontairement ou non du système. Et qui se retrouvent de facto en *Vin de France*, rarement de gaîté de cœur. Anciennement *Vin de table*, c'est une catégorie un peu fourre-tout. Pour certains vignerons, le *Vin de France* est la solution qui offre le plus de libertés – comme celle, par exemple, de travailler des cépages historiques mais non reconnus par l'AOP. On peut donc trouver dans cette catégorie « paria » de tout : quelques vignerons exceptionnels aux bouteilles d'anthologie comme des productions juste passables.

SE PASSER DE L'AOP ?

Commercialement, il est plus compliqué d'atteindre certains marchés sans la mention AOP. Le vigneron a beau parfois être un poète gambadant dans la vigne, passionné et avide de défi, il faut bien aussi qu'il tienne compte de quelques contingences matérielles, comme faire bouillir la marmite. Humainement, se casser la nénette à la vigne toute l'année, à la cave ensuite, pour respecter un cahier des charges et entendre finalement « *Votre vin n'est pas bon, il ne rentre pas dans les cases, il n'est pas typé* » doit être un sacré camouflet.

COMMENT SAVOIR ?

Gardez à l'esprit qu'une appellation ou dénomination n'est qu'une indication : elle revendique le respect d'un terroir et d'un cahier des charges, elle n'est pas forcément une garantie absolue en matière de goût. Du coup, renseignez-vous, lisez, posez des questions, pour choisir au mieux, indépendamment de l'étiquette. Après tout, qu'importe que ce soit un vin de table si on a décollé grâce à lui, ou qu'il porte une AOC s'il est aussi plat que l'encéphalogramme d'une moule morte.

BOUCHONS DE LIÈGE, SYNTHÉTIQUES, À VIS : *ça nous en bouche un coin*

62

L'USAGE DU BOUCHON DE LIÈGE N'EST PAS RÉCENT : LES PREMIÈRES TRACES ATTESTÉES REMONTENT AU Vᴱ SIÈCLE AVANT J.-C. MATÉRIAU NATUREL, ÉLASTIQUE, LÉGÈREMENT POREUX MAIS PAS TROP, ET QUI POUSSE SUR LES ARBRES, CE QUI N'EST PAS ENCORE LE CAS DU BOUCHON À VIS.

Le liège : plus bio, plus beau ?

Pas forcément. S'il est naturel, il présente un gros défaut : un mauvais goût de poussière, de moisi, qui se développe parfois. C'est le goût de bouchon dont la responsable est une saloperie au nom barbare, le trichloroanisole ou TCA. Celui-ci est le principal contaminant du liège. Les tetrachloroanisoles (teCA) et les tribromoanisoles (TBA) parfois évoqués sont secondaires et externes au liège. Ce sont des contaminants aériens, souvent liés au traitement du bois, donc environnementaux. Ils restent relativement rares. Tous les bouchons de liège, indépendamment de leurs qualités – naturel, colmaté, multipièces, N + N, aggloméré – peuvent être touchés par cette contamination.
Pour éliminer les TCA et autres, on nettoie les bouchons : c'est là que le bât blesse. Même nettoyés à l'eau oxygénée ou à l'acide peracétique (le chlore n'est plus censé être employé), on continue à avoir des bouchons contaminés.

Le plastique, fantastique ?

Pour pallier ce défaut des bouteilles qui puent, on a imaginé une grande variété de bouchons synthétiques, y compris à base de canne à sucre

bio. La panacée ? Pas encore : souvent pointées, les différences d'oxygénation au cours du vieillissement qui ne garantiraient pas des gardes optimales. Difficile d'en avoir une idée précise, les études se contredisant : sur des vins peu chers, et pas destinés à la garde, c'est une solution facile pour éviter le goût de bouchon.

Et la vis ?

La capsule – perméable, dans une certaine mesure, grâce aux choix de certains joints pouvant permettre la micro-oxygénation nécessaire à la garde – pâtit surtout d'une image « beauf », voire carrément ringarde. Tellement dommage, car c'est assurément efficace pour certains types de vins, y compris de garde, avec l'énorme avantage de ne jamais être contaminé par les TCA. Le cap le plus important à passer est donc la dimension psychologique. Dans la même catégorie, on peut retrouver le bouchage « verre » : neutre au goût, mais relativement onéreux, il est encore assez peu répandu.

De multiples critères

Quel que soit le type de bouchons, aucun n'est au final parfait pour tous les types de vins dans toutes les conditions. Un choix qui relève de plusieurs critères :

- les mauvais goûts : à condition que le vin ne soit pas pollué en amont, le Diam et le synthétique, le verre et la capsule permettent d'éradiquer le fameux goût de bouchon. Le liège n'offre jamais la garantie à 100 % qu'il n'y aura pas de souci ;
- la garde : les évolutions des vins ne sont pas les mêmes sous vis, liège ou synthétique ;
- l'écologie : d'un côté, les discours de l'industrie du liège sur la préservation des forêts et sur une industrie génératrice de moins de « déchets ». De l'autre, les producteurs de synthétiques, de verre et de vis prennent en compte l'empreinte carbone et le recyclage ;
- l'esthétique : même si c'est un critère secondaire ;
- le coût : très variable dans toutes les catégories ;
- la tradition : le brevet pour le « tire-bouchon » date de 1795 et le geste de déboucher une bouteille à vis est encore mal perçu.

D'autres choix ?

> Nouveau venu, le Diam est à base de liège réduit en poudre dont on extrait les TCA et ensuite reconstitué. Le seul bémol : certains pointent l'usage des colles servant à le reconstituer et leur influence possible sur les vins.

> Hélix, bouchon « mixte » entre verre et liège, lui, permet d'ouvrir/refermer les bouteilles sans souci. Ça ne règle toujours pas celui des TCA ou des « faux goûts », mais ça permet de vendre du liège (diront les mauvaises langues).

Sous quel format :
BOUTEILLE OU BIB ?

64

« DU VIN EN BIB, C'EST PAS CHIC, PRÉFÉREZ DU MIS EN BOUTEILLE À LA PROPRIÉTÉ, VIEILLES VIGNES, VIEILLI EN FÛT DE CHÊNE, SPÉCIAL RÉSERVE DU CHÂTELAIN. » DISCOURS RABÂCHÉ EN BOUCLE PAR LES AUTOPROCLAMÉS EXPERTS DU VIN DE LA FAMILLE ? RABATTEZ LEUR CAQUET !

LE BIB, C'EST BIEN !

À condition de savoir ce qu'on achète : un vin souple, facile à boire et qu'on ne destine pas à vieillir ? Parfait ! En multiformats de 2 à 10 litres, il y a de quoi faire.
Le nerf de la guerre du BIB, et en grosse partie l'explication de sa mauvaise réputation, c'est qu'il garnit plus qu'allègrement les rayons des grandes surfaces. Et que, corollairement – comme le vin rosé, d'ailleurs – lui colle à la peau une étiquette de vin « de masse, de camping, de prolo ».
POURTANT :

- il est pratique : pas besoin de tire-bouchon ;
- il est *safe* : celui qui arrivera à se blesser avec un robinet peut m'écrire pour me détailler comment, ça m'intéresse ;
- il est léger et facile à stocker ;
- il est souvent peu cher ;
- il est écolo : moins de matières premières usées pour le fabriquer, plus facilement recyclable, moins lourd donc moins cher à transporter. Ça nous fait un bilan carbone de premier de la classe ;
- il garantit une bonne tenue du vin/pas d'oxydation, convenablement conservé ;
- il n'est pas moins bien fait qu'un vin en bouteille : parfois, c'est le même !
- on ne rougit plus de le poser sur la table grâce à des packagings plus chouettes.

ET EN BOUTEILLE ?

La classique 75 cl cède de plus en plus le pas au magnum : ami des grosses tablées ou des grandes soifs, il permet – disent certains – d'obtenir de meilleurs vieillissements. Les petits formats se raréfient : heureusement pour ceux qui se contentent d'un verre, la pompe à vide (ou vacuum) permet de garder des bouteilles entamées quelques jours.

CHAMPAGNES OU CRÉMANTS :
c'est un faux débat !

65

LE CHAMPAGNE COÛTE FORCÉMENT UN PEU CHER. À SA PLACE, IL EST DONC TENTANT DE RECOMMANDER LES CRÉMANTS, MAIS CESSONS DE TOUJOURS LES COMPARER ! C'EST UNE AUTRE BULLE, UTILISANT LA MÊME MÉTHODE, CERTES. CEPENDANT, TERROIR, CÉPAGES ET GOÛTS NE SONT PAS LES MÊMES.

LA MÊME MÉTHODE

On assemble des vins, de différentes années ou non, puis on met en bouteille avec une liqueur de tirage. C'est là que va se produire la seconde fermentation, en bouteille, ce qui les différencie des autres types de bulles. Ensuite, crémants et champagnes se reposent en cave, pour une durée variable selon l'appellation et le type de vin que l'on veut produire. Alors oui, on les « fabrique » pareil, mais le rendu final sera différent : un peu comme faire porter la même robe à plusieurs femmes aux morphologies et aux couleurs de cheveux/d'yeux/de peau différentes. Le terroir, les cépages, le temps de repos sur lattes et, bien évidemment, le dosage vont offrir une multiplicité de profils à ces vins.

UN CHAMPAGNE EST UN CHAMPAGNE...

En Champagne, le concept de marque est érigé en valeur modèle. D'où l'assemblage, qui permet de donner naissance aux « Brut sans année » (BSA), la locomotive des marques. C'est la base : après, entre champagnes de marque, de vignerons indépendants, cuvées millésimées, de cépages oubliés, le choix est vaste. Sur les plus beaux terroirs avec des vignerons hors pair aux manettes, les champagnes peuvent être de grands vins. Tout le monde vous le dira : il n'y a de champagne qu'en Champagne ! D'ailleurs, le Comité Interprofessionnel des Vins de Champagne est très actif : traquant les contrefaçons ou les utilisations frauduleuses du terme, gare à celui qui tenterait de s'approprier un peu de la gloire de la région.

... ET UN CRÉMANT, UN CRÉMANT

Le crémant-d'alsace est le plus connu et le plus vendu aussi, mais savez-vous qu'on trouve des crémants en Bourgogne, en Loire, à Limoux, Die, Bordeaux, dans le Jura, et tout dernièrement en Savoie ? Bulle plus populaire, parce que moins chère, et moins réputée, le crémant offre pourtant une variété assez inédite de goûts et de styles. Blancs ou rosés, doux ou au contraire très minéraux, certains crémants sont de petites bombes. Fouillez, sortez des sentiers balisés, découvrez !

CHACUN POUR SOI

Et une fois pour toutes, considérez crémants et champagnes pour ce qu'ils sont, sans les opposer ou vouloir à tout prix hiérarchiser, mais en choisissant chacun pour sa typicité, son prix et surtout son goût.

Brut, extra-brut, demi-sec :
POUR QUI SONT CES MENTIONS ?

… QUI SIFFLENT SUR NOS TÊTES ? QUAND IL S'AGIT DE CHOISIR UN CHAMPAGNE, LA QUESTION « *BRUT OU DEMI-SEC ?* » VOUS REND HÉSITANT ? SI ON AJOUTE LES MENTIONS « BRUT NATURE », « ZÉRO DOSAGE » ET « NON DOSÉ » TRÈS EN VOGUE, C'EST ENCORE PIRE ! MÉMO POUR NE PLUS JAMAIS SE TROMPER.

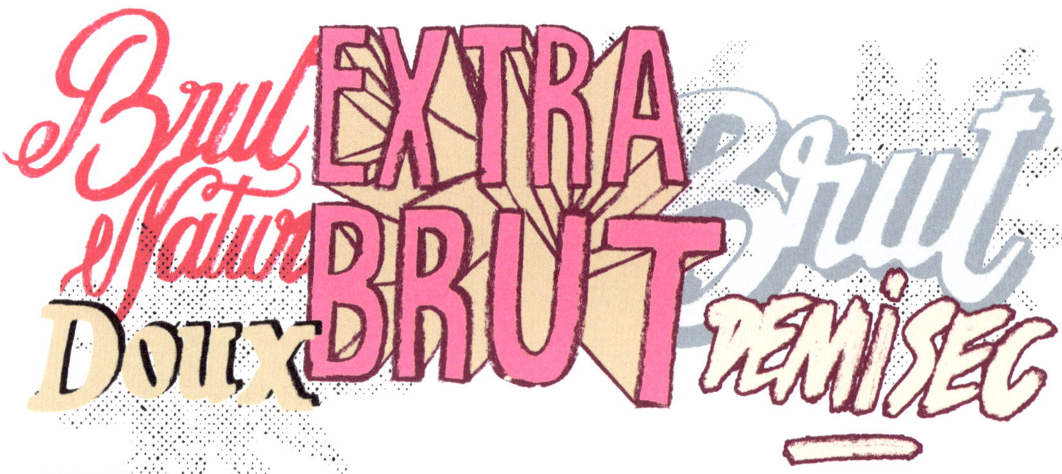

D'OÙ ÇA VIENT ?

Pour éliminer le dépôt créé lors du vieillissement sur lattes du champagne, on met les bouteilles sur gyropalette, tête en bas. Une fois le dépôt formé sur le bouchon, il faut dégorger, c'est-à-dire éliminer le dépôt à la volée ou par formation d'un glaçon. Pour compenser la petite perte de volume qui se produit à ce moment-là, on ajoute une liqueur d'expédition.
C'est elle qui va conditionner la mention.

LIQUEUR D'EXPÉDITION ?

Elle se compose de vin, le même que celui de l'assemblage, et de sucre que l'on dose selon ce qu'on veut obtenir :

- extra-brut : entre 0 et 6 g/l ;
- brut : inférieur à 12 g/l ;
- demi-sec : entre 32 et 50 g/l ;
- doux : supérieur à 50 g/l .

Existent aussi les mentions « extra-dry » entre 12 et 17 g/l et « sec » entre 17 et 32 g/l. Les « non dosé », « brut nature » ou « zéro dosage » doivent contenir moins de 3 grammes de sucre au litre.

QUE CHOISIR ?

Tout dépend de ce que l'on veut en faire : à servir à l'apéro, au long d'un repas ? On peut penser que quelques grammes de plus ou de moins ne changent pas grand-chose, et pourtant… C'est la patte du vigneron et son savoir-faire qui s'expriment. Millésimé, blanc de blancs, tous les profils de champagne n'ont pas besoin du même dosage. C'est du cas par cas. Un « zéro dosage » n'est pas forcément agressif, un brut peut se révéler un peu mou du genou : une seule solution, goûter ! Moins ils sont sucrés, plus on les sert en début de repas. Les champagnes demi-secs et doux en dessert ou tout simplement pour eux-mêmes peuvent faire merveille.

Aller goûter chez un vigneron :
À FAIRE OU PAS ?

67

VOUS PROJETEZ DE PASSER QUELQUES JOURS DANS UNE RÉGION VITICOLE OU, MIEUX, VOUS HABITEZ PAS LOIN D'UN VIGNOBLE : N'OUBLIEZ PAS D'ALLER RENDRE VISITE À UN VIGNERON OU DEUX ! UN MUST QUAND ON AIME LE VIN.

POURQUOI Y ALLER ?

Le meilleur sommelier du monde, le plus grand caviste, ne pourront jamais que vous parler de vin : le vigneron, lui, vous le fera vivre. En allant dans son vignoble, en vous rendant dans son chai, en observant et discutant, vous comprendrez bien plus de choses qu'en plusieurs années de cours ou de lectures. Le vigneron, si tant est qu'il soit préparé à votre venue, sera ravi de partager son travail avec vous. Outre découvrir le vignoble, les façons de le travailler, les outils de vinification ou d'élevage, c'est aussi l'occasion de goûter des vins encore inédits : pas tout à fait terminés, cuvées confidentielles, vieux millésimes. Soyez sympa, montrez-vous curieux de son boulot, et vous serez récompensé.

À FAIRE ?

- Prendre rendez-vous : mail, téléphone, fax, pigeon voyageur, peu importe. Annoncez-vous !
- S'abstenir de fumer juste avant et/ou de se parfumer à outrance. C'est extrêmement désagréable pour les autres, et ce n'est pas génial pour vous non plus : vous allez perdre en goût et en odorat.
- S'équiper : les parcelles peuvent être boueuses, difficilement praticables en talons ou en espadrilles. Quant aux caves, il y fait froid et humide.
- Idéalement, ne pas manger : les papilles seront plus alertes et vous éprouverez de meilleures sensations.
- Remercier : il/elle vous a consacré du temps, donc c'est normal de ne pas partir comme des sagouins. Encore mieux : se fendre d'un petit mot qu'on envoie au retour.
- Acheter : que ce soit clair, rien ne vous y oblige si les vins étaient dégueulasses. Mais si la visite s'est bien passée, c'est un geste qui fait plaisir et des souvenirs.

PENDANT LA VISITE

N'ayez surtout pas peur de poser des questions, même si elles vous paraissent bêtes : à force d'être dans son jus, le pro oublie parfois que des notions qui lui sont évidentes ne le sont pas pour tous.
Si, en France, la plupart du temps les dégustations au domaine sont gratuites, ce n'est pas le cas partout : pensez à vous renseigner.
Petit truc supplémentaire : repérez avant de commencer à goûter où se trouve le crachoir. Ça vous évitera cette minute de solitude où, les joues emplies tel un hamster, vous usez de toutes vos ressources en mime pour vous le faire indiquer. Erreur qu'on commet une fois, pas deux !

LES SALONS DE VIGNERONS :
bonne idée ?

68

LES SALONS DE VIGNERONS PULLULENT : ORGANISÉS PAR DES PROFESSIONNELS, DES AMATEURS, DES JOURNALISTES, DES BLOGUEURS OU LES VIGNERONS EUX-MÊMES, C'EST UN CHOUETTE MOYEN DE DÉCOUVERTES. À CONDITION DE BIEN LES CHOISIR ET DE SE PRÉPARER UN MINIMUM.

POURQUOI C'EST BIEN ?

Si vous suivez l'actualité du vin, dans la presse ou sur Internet, vous constaterez qu'il en existe une multitude de formes. Souvent, ils regroupent des vignerons travaillant dans un même esprit (bio, nature, rebelle, indépendant, etc.). En une journée – ou quelques heures – vous pourrez donc goûter à pas mal de vins et rencontrer en même temps les vignerons. Imaginez le temps gagné en déplacements, et puis l'ambiance ! En général, pour le règlement d'une somme modique, vous obtenez un verre et le droit de déguster tous les vins que vous voulez. Faites gaffe quand même avant d'emporter le verre : parfois il est compris dans le ticket d'entrée, parfois non !

S'ORGANISER POUR PASSER UNE BONNE JOURNÉE DE SALON

> **Se fixer une règle : « *toujours cracher* ». Vous faites les malins après deux verres ; après vingt, beaucoup moins.**

> **Démarrer tôt : il vaut mieux être présent à l'ouverture qu'arriver en plein après-midi, là où l'affluence est la plus forte. Les vignerons seront plus frais et dispos (nibles).**

> **Boire de l'eau, éviter le pain : l'eau nettoie, le pain sature.**

> **Ne pas porter de vêtements blancs : un accident de crachoir est vite arrivé.**

> **Prévoir de l'argent liquide : si on peut souvent acheter sur salon, tous les vignerons n'ont pas de système de paiement électronique…**

> **À l'entrée, souvent est distribué un programme des dégustations. Sans aller jusqu'à prendre des notes comme un pro, de simples signes « + » et « - » peuvent vous aider à vous souvenir de ce qui vous a plu, ou pas.**

Commencer une cave,
COMBIEN ET QUOI ACHETER ?

69

VOUS ÊTES DÉCIDÉ : QUE VOUS POSSÉDIEZ UNE CAVE PAS TROP MAL, SOMBRE, À LA TEMPÉRATURE STABLE, À L'HUMIDITÉ CONSTANTE, OU QUE VOUS DÉCIDIEZ D'INVESTIR DANS UNE CAVE-FRIGO, IL FAUT LA REMPLIR ! PAR QUOI ET PAR OÙ COMMENCER POUR FAIRE LES BONS CHOIX ?

Une cave équilibrée

L'erreur consiste souvent à choisir uniquement un style de vins, ce qui est vite frustrant. Pour varier un maximum, pensez par types de vins plutôt que par régions :

- des vins blancs secs et fruités, plutôt simples, qui seront assez polyvalents : apéro, fruits de mer, poissons, volailles grillées. Ceux-là se boiront en général dans les 5 ans ;
- des vins blancs un peu plus riches pour toutes les préparations à base de crème : les bourgognes ou certains vins de Loire vieillissent vraiment très bien (plus de 10 ans) ;
- des vins rouges légers : eux, comme les blancs secs, sont assez passe-partout, de l'apéro au fromage, des journées chaudes aux invités qui n'aiment pas le blanc. Comptez-leur une garde de 5 ans ;
- des vins rouges puissants : dans l'absolu, ce seront en majorité les vins de garde ;
- quelques rosés, selon la saison : vous pouvez leur laisser passer un été, voire deux, si vous aimez ça ;
- des bulles : pas besoin d'en avoir des tonnes, mais 6 bouteilles assorties ou non permettent de parer à toute éventualité ;
- des vins doux : au bout de 10, 15, voire 20 ans, les liquoreux comme les sauternes deviennent des merveilles.

Un stock à faire tourner

Divisez votre stock : à consommer à court, moyen et long terme. Garder du vin implique aussi de le surveiller : s'il passe, vous vous en voudrez. De temps en temps, prélevez-en une bouteille et goûtez-la, c'est le meilleur moyen d'estimer s'il faut les consommer vite ou les attendre un peu. Conseil : mieux vaut boire trop tôt que trop tard ! Pour acheter des millésimes déjà plus avancés, les ventes aux enchères virtuelles ou non, voire certains cavistes spécialisés, peuvent vous aider.

Combien de bouteilles ?

Le bon rapport étant d'avoir un tiers de vin à consommer maintenant et deux tiers à garder à plus ou moins long terme. À vous de voir ensuite jusqu'à quel point vous êtes patient. Dix, quinze, vingt ans, moins ? Pour ces derniers, achetez plutôt par 3 ou 6 : ça vous permettra d'en goûter une de temps à autre et de juger de son évolution.

Dans un frigo-cave, vous serez forcément limité par la place et par le budget. Une part va lui être consacrée : comptez environ 1000 euros pour une cave de vieillissement solide et durable.

Quel vin offrir à qui, PROCHES OU MOINS ?

CHER OU PAS, UNE BOUTEILLE OU PLUSIEURS ? ET DANS CE CAS, TOUTES IDENTIQUES OU DIFFÉRENTES ? PLUTÔT DU ROUGE ? ET SI ON IGNORE CE QU'ON VA MANGER ? TANT DE QUESTIONS LAISSENT COI : QUOI QU'ON EN DISE, TROUVER LE BON VIN POUR LA BONNE PERSONNE N'EST PAS SI DIFFICILE.

CE SERONT LES VINS DU REPAS

Si vous avez le menu, faites confiance à votre caviste : il est là pour aider. À défaut, prévoyez un blanc un peu tout-terrain et frais, par exemple un riesling sec en vin d'Alsace, et un chouette rouge, plutôt polyvalent et facile à boire : pourquoi pas un poulsard du Jura ? C'est l'occasion aussi de rappeler : le meilleur accord qui soit, c'est surtout quand on passe un bon moment avec les personnes avec qui on se trouve. Pas d'avoir suivi à la lettre les recommandations de sommeliers coincés.

OÙ ALLEZ-VOUS?

- Chez des amis : s'ils sont funky, c'est peut-être l'occasion de leur offrir une quille qu'ils n'oseraient pas prendre eux-mêmes : un chouette minervois, un effronté fronton, un excellent médoc bio, un anjou joli. Avec de vrais potes, on peut franchement s'aventurer dans l'exotique, le nature, le pas conventionnel. Ce sera l'occasion de discuter la fois suivante : « *Alors, ce vin-là, il vous a plu ?* » **Et même, si on les aime fort fort, pourquoi pas leur offrir des bulles ? Il est réellement dommage de ne réserver le champagne qu'à certaines occasions. Comme on a très peu le réflexe de s'en acheter soi-même comme ça, pour rien, rendons-leur ce service.**

ADAPTEZ-VOUS

Le budget peut être relativement large, il dépend surtout de votre porte-monnaie. Précisez-le d'entrée, si besoin. Une seule bonne bouteille bien choisie peut être autant appréciée que plusieurs, selon les habitudes de la personne à laquelle on va offrir du vin. Célibataire, en couple, sorteur ou pantouflard : selon le profil, on varie. On choisit en général plusieurs bouteilles identiques si ce sont des gens qui reçoivent beaucoup à dîner, des vins différents s'ils sont curieux. Trop souvent on boude les vins blancs : c'est réellement dommage, car ils ont autant de qualités que les rouges. On peut aussi – par le jeu des étiquettes – faire un clin d'œil : cuvée portant le prénom du destinataire, évoquant une de ses passions, etc.

o Chez le boss : on ne prend pas de risque. Un beau classique bien fait produira toujours de l'effet. Surtout si c'est un « connaisseur ». Il a pris deux fois des cours d'œnologie et cherche les mentions « Mis en bouteille à la propriété » ou « Vieilli en fût de chêne » sur ce qu'il boit ? Offrez bordeaux ou bourgogne, avec le plus de médailles et d'armoiries possible.
Le vrai amateur de vin ne se prétendra jamais connaisseur et sera toujours heureux de découvrir ce qu'il ne connaît pas. À bon entendeur…

o Chez ses parents/beaux-parents : montrez aux parents de chéri(e) que les vôtres vous ont donné une bonne éducation et du goût en les surprenant avec du côtes-de-forez, un beau vin de Moselle française… des appellations bien trop peu connues et en plein boum.
Ou alors choquez : tapez dans le *Vin de France*. Comme vous êtes tout de même malin tel un singe, prenez-le d'excellente qualité : ils reviendront bien vite sur l'idée que le vin, c'est d'abord l'étiquette.

o Chez son(sa) chéri(e) : désir, plaisir et tendresse ? Sauternes, monbazillac, côteaux-de-l'aubance. Ces vins mal-aimés, mal-connus, dépréciés parce que soi-disant trop pompeux, trop lourds, trop sucrés, font en réalité d'excellents compagnons. Muscles relâchés, cheveux défaits, au lit, on apprécie encore mieux leur architecture délicate, leur construction arachnéenne, là où le sucre le dispute à l'acidité, la bouche remplie encore du sel de l'amour.
Cela suppose bien évidemment que vous ayez déjà fauté : si tel n'est pas le cas, tentez-le/la avec du crozes-hermitage.

IL N'Y A PAS UN MAIS DES ROSÉS, *et oui, on peut en boire !*

72

« ÇA DONNE MAL À LA TÊTE, ÇA A UN GOÛT DE VOMI, ACIDE, C'EST UN VIN DE FILLES, C'EST FORCÉMENT DÉGUEULASSE, C'EST PAS DU VRAI VIN, C'EST DU MARKETING » SONT LES RÉACTIONS LES PLUS ENTENDUES À SON PROPOS, ET MÊME DE LA PART DE PROFESSIONNELS DU VIN. POURTANT…

C'EST UN VRAI VIN !

On ne l'obtient pas par mélange de vin blanc et rouge (sauf en champagne où cette méthode est autorisée), mais bien par des techniques tout à fait spécifiques :

- la saignée : on commence une macération de vin rouge, puis on fait « saigner » la cuve, c'est-à-dire qu'on prélève une partie du jus quand la couleur est jolie. Avantage : les jus restés dans la cuve donneront un vin rouge plus concentré. Inconvénient : il faut beaucoup de doigté pour « saigner » au bon moment et ne pas extraire trop de tannins dans le rosé ;
- la presse : on amène les baies au pressoir et on presse plus ou moins directement. Le gros avantage ? Méthode plus douce qui privilégie le fruit et l'équilibre, on peut mieux « doser » ses effets.

CE N'EST PAS NEUF !

Les premiers vins étaient plus que probablement des rosés. La prédominance des cépages à peau rouge/noire induisaient forcément une coloration, même légère, et les techniques balbutiantes de vinification rendaient sans doute sa fabrication plus simple que celle du rouge. Il ne s'agit pas d'une mode récente née à Saint-Trop', mais il y a plusieurs centaines, voire milliers, d'années. Tendance avant d'être tendance : trop fort ce petit rosé !

IL SOUFFRE DES CLICHÉS !

- Juste bon pour l'apéro ? Non, bien au contraire. Il existe à peu près autant de rosés que de possibilités d'en boire : des rosés très pâles et légers aux vins bonbons légèrement doux, voire aux petits costauds, ils se prêtent à mille occasions.
- À servir impérativement glacé ? Un bon vin rosé doit être servi entre 9 et 11 °C. Pas plus, pas moins. Une astuce pour le mettre à bonne température : une petite heure dans la porte du frigo.
- Toujours sucré ? La plupart des vins rosés sont secs.
- Jamais plus de 10 euros ? Les cuvées sur le fruit, à boire immédiatement, se situent souvent entre 5 et 10 euros. Pour les vins plus complexes et/ou de garde (certains vieillissent remarquablement, comme certains vins des appellations tavel ou lirac), le prix peut grimper un peu.
- Vin de filles : connoté à cause de sa couleur, réservé aux soirées girly ? Pauvres hommes qui s'en privent pour de mauvaises raisons !

ROSÉS POUR TOUS !

Avant de dire « *Je n'aime pas le rosé* », il faut les explorer. Quelques pistes…

- À l'apéro, on aime les rosés légers et floraux : cherchez du côté des cinsault (cépage du bassin méditerranéen), de certains cabernets de Loire ou encore des rosés de Savoie issus de gamay.
- Pour accompagner le repas, pourquoi pas des vins plus charnus à base de grenache (côtes-du-rhône sud) ou un bordeaux-clairet pas monastique. L'irouléguy rosé est une petite tuerie basque, une vraie bombe fruitée et pleine d'allant.

En parlant de bombe, sautons sur la Corse, où les cépages nielluciu et le sciacarellu offrent des rosés diaboliques, entre ferveur italienne et attaches françaises.

- En Languedoc : pic-saint-loup, minervois (la-livinière ou pas), terrasses-du-larzac avec le fruit qui claque et du plaisir plein la bouche.
- Issus du mourvèdre provençal : bandol, cassis, palette ! Les beaux vins tout en gariguettes en rangs serrés, prêtes à l'inspection, chapeautées par un peu d'épices, du thym, de la sauge.
- Certains se boivent seuls : goûtez donc un vieux bandol, de plus de 10 ans, plongez votre nez dedans et savourez la cire d'abeille, le miel, les abricots secs, les cerises au kirsch...
- On n'oublie pas les doux : un bon cabernet d'Anjou, bien choisi, un peu de douceur dans un monde de brut.

Cabernet Sauvignon GOÛTER Le ba
BOUTEILLE Végétale PICOLER
Le Crachoir Les AOP OENOLOGIE
MIAM
Grands HERMITAGE bouch
Languedoc Châteaux Millesime
FESTIF
Du Rosé! TONNEAU Moelleu
BIENVIEILLIR Carafe BLANC du dépôt
des bulles La Robe Muscats
Barrique raisin BORDEAUX
BRUT La Récolte Crémant
ROUGE SUR BLANC
DU PARFUM Décanter verre ou crist
DU PAIN DU VIN
SOMMELIER VIN DE FRAN
jamais DE PLAIS
DES COPAINS Languedoc en carafe au REPAS

6
SAVOIR LE SERVIR

Quel matos de base
EST INDISPENSABLE ?

VOS AMIS ET VOTRE FAMILLE, VOYANT QUE VOUS VOUS INTÉRESSEZ AU PINARD, SONT TOUS PRÊTS POUR VOUS FAIRE PLAISIR À VOUS OFFRIR MOULT GADGETS ? CALMEZ-LES ET SUGGÉREZ-LEUR D'ABORD CECI : LES OBJETS DE BASE DANS LESQUELS IL NE FAUT PAS HÉSITER À INVESTIR.

UN SOMMELIER

Pas le type. L'ouvre-bouteille. On en trouve à tous les prix et de toutes les qualités. Oubliez-moi tout de suite l'ouvre-boutanche à deux bras de Pépé, pas si évident que ça à manier. D'abord, c'est moche, ensuite c'est le plus sûr moyen de percer le bouchon et, donc, de faire tomber des poussières dans le vin. Pas glop. Des sommeliers, il en existe de toutes les tailles, formes et à tous les prix. Le nec plus ultra est le « double détente ». Une fois qu'on a le coup de main, c'est très simple d'utilisation :

- ôtez la capsule à l'aide du couteau ;
- enfoncez la vrille en formant un angle de 45° au milieu du bouchon ;
- redressez la vrille et enfoncez-la presque jusqu'au bout ;
- utilisez le premier cran pour soulever le bouchon de moitié, puis du second : le tour est joué.

DES VERRES

Là encore, on ne badine pas avec l'amour. On ne sert pas un vin dans des gobelets, dans des tasses ou dans des verres non adaptés. Le vin s'y sentira à l'étroit, et vous n'en percevrez que peu d'arômes. La règle : les choisir transparents, en forme de tulipe, à pied, pour prendre correctement son pied (voir p. 78 et 79).

UNE OU DEUX CARAFES

Outre ses fonctions naturelles de décantation et d'oxygénation, la carafe peut être aussi le moyen de rendre joli et attractif le service du vin en Bag-in-Box – et, accessoirement, de mesurer la quantité bue –, voire de servir de béquille en cas de problème de bouchons. Trop vieux ou trop sec, celui-ci s'est brisé, ou pire il est réduit en poussière dans la bouteille ? Pas de stress : un filtre, une carafe et vous voilà sauvés.

Pensez « usage »

Pour tous ces objets basiques, ce n'est pas forcément le prix qui doit conditionner le choix. Pensez à la fréquence de vos usages, à votre maladresse éventuelle, à la place dont vous disposez. Un seul type de verre bien choisi vaut mieux que plusieurs inutiles. On paie pour la fonction, mais aussi pour le design : pourquoi pas avoir de très beaux objets, seulement pensez pratique ! Une magnifique carafe difficile à nettoyer ou trop fragile restera le plus souvent dans l'armoire. Dommage.

Un ou des filtres

Le filtre sert, comme son nom l'indique, à se débarrasser des indésirables, morceaux de bouchons ou dépôt important. C'est donc un indispensable. Plusieurs solutions, de la plus économique à la plus chère :

- le filtre à thé en papier : on en trouve très facilement dans les magasins d'alimentation. Cela ne coûte quasiment rien, et se montre plutôt très efficace. Bien ajuster sur la carafe, maintenir et servir très lentement le vin ;
- le filtre/aérateur plastifié réutilisable : il se plie pour s'adapter à chaque modèle de carafe. Microperforé, il offre aussi une aération du vin ;
- le filtre en inox/verre : plus durable, il est aussi un peu plus cher selon le matériau utilisé. Différents grains de filtres sont possibles. Le verre est moins cher mais plus fragile : à vous de voir.

Quelques bouchons

Parce que, pour diverses raisons, on ne consomme pas toujours une bouteille en entier, il est toujours utile d'avoir à sa disposition des bouchons. Stylisés ou ultra-simples, l'important est qu'ils remplissent correctement leur fonction. S'il ne devait y en avoir qu'un, restez sur le bouchon à effervescent qui s'adapte de toute façon à toutes les bouteilles : le coup de la petite cuiller qui conserve les bulles du champagne est une légende !

Un seau

Pour refroidir, garder au frais les bouteilles en été, c'est la solution basique. Évidemment, il faut penser à se munir de glaçons. En plastique, il est pratique, en inox il est durable.

Dans quel état verre ?

LE BON, C'EST MIEUX

UN BON VERRE PEUT VOUS CHANGER LES VINS, ET LA VIE ! C'EST VRAIMENT LA CHOSE À LAQUELLE IL FAUT PRÊTER LE PLUS ATTENTION : QUI A DÉJÀ BU DU VIN DANS UN VERRE MOUTARDE, EN PLASTIQUE OU TOUT SIMPLEMENT MAL ADAPTÉ, SAIT DE QUOI JE PARLE. LES AUTRES, ESSAYEZ…

DES CRITÈRES OBJECTIFS

Le verre à vin idéal se définit de façon objective : il ne doit pas fausser la dégustation, il doit permettre de sentir et goûter un maximum d'arômes, il doit se mettre au service du vin. Pour les dégustations pures existe le verre INAO. Ce type de verre, ni très élégant ni joli, est un excellent révélateur de défauts. Bien pour les pros, peut-être moins si on fait un repas chez soi. Il est assez fou de noter comme, d'un verre à l'autre, les vins peuvent se comporter différemment, y compris avec des verres « faits » pour la dégustation : le mieux est donc de tester pour trouver celui qui convient le mieux. De toute façon, les critères de base seront les mêmes.

UN OU DES VERRES ?

Chaque verrier propose une gamme plus ou moins étendue de verres spécifiques : verres à vin rouge jeune, à vin rouge vieux, verres à rosé, verres à vin blanc sec, à champagne, à bourgogne… Pour le plaisir – et à condition d'avoir place et budget – pourquoi pas, mais la plupart du temps, un seul type de verre bien choisi suffit. De plus, il permet des comparaisons plus faciles, puisqu'on a toujours le même outil : choisissez-le de taille moyenne. En général, piocher dans la gamme « vin blanc » est une bonne idée.

TRANSPARENT

Un bon verre doit être transparent pour mater la couleur du pinard ! Ça a l'air super-logique dit comme ça, mais on n'y pense pas toujours. Gardez vos jolis verres colorés pour l'eau, et pensez verre transparent pour le vin. Même si elle apporte peu d'informations réelles quant au vin (une couleur, ça se trafique toujours un peu : pensez make-up, à quel point avec un peu d'art on peut modifier un visage), elle est un facteur de plaisir important.

À PIED

Un bon verre doit posséder un pied, et donc une jambe par laquelle on saisira le verre. Tenu par le calice, le vin s'échauffe : très embêtant pour les blancs et les rosés, ça. À savoir, le simple fait de faire passer le vin de la bouteille au verre lui fait prendre 1 à 2 degrés. Si on y ajoute l'effet calorifique de la paume, on se retrouve vite avec du vin chaud. La jambe du verre ne doit pas être trop courte pour que ce soit confortable, surtout si on a des pattes d'ours, ni trop longue car ça le rend beaucoup plus fragile.

DITES-LE AVEC UNE TULIPE

C'est la forme que le calice doit avoir. Large en bas, légèrement resserré en haut. Le but ? Avoir un peu d'espace pour s'exprimer et offrir son disque à l'oxygène, mais en évitant de perdre tous les arômes que ce frotti-frotta moléculaire entre précurseurs d'arômes et oxygène fait naître. Le fait qu'il soit moins large à la sortie permet d'en emprisonner un maximum.

Pas trop petit

La taille compte ! Sachant qu'on ne remplit jamais plus d'un tiers du verre en dégustation, et dans un contexte moins formel jamais plus de la moitié. Pourquoi ? Pour laisser de la place aux arômes, pardi. Une tendance est de servir les vins, surtout prestigieux, dans des verres toujours de plus en plus grands. Oubliez ça : c'est ridicule d'avoir un verre qui a le même diamètre que son visage, on finit par en mettre partout – et si l'excuse pour utiliser ces aquariums est d'oxygéner le pinard, il y a des carafes.

Pas trop épais

Là, on peut nuancer. Certains sont perturbés si c'est trop fin, ont peur de casser ces verres trop fragiles : à vous de voir selon la matière. Verre ? Cristal ? Composite à base de verre, cristal et cristallin ? Ce dernier offre l'avantage de la résistance du verre et la finesse du cristal. Quasi inusable, quasi incassable, c'est la bonne affaire des maladroits.

Une carafe, pour quoi faire ?
À PART DÉCANTER ...

80

ON A TOUS VU CETTE SCÈNE UN JOUR DANS UN FILM OU AU RESTO : UN SOMMELIER L'AIR UN PEU PINCÉ ET SOLENNEL PLACE UNE BOUGIE SUR UNE DESSERTE, L'ALLUME, S'EMPARE D'UNE CARAFE, D'UNE BOUTEILLE ET FAIT COULER LENTEMENT LE VIN LE LONG DE LA PAROI DE LA CARAFE.

DÉCANTER...

Cette opération s'appelle « décanter ». Elle sert à séparer le vin du dépôt qui a pu se former en cave. Elle se pratique en général sur de vieux vins, même si les jeunes peuvent aussi présenter du dépôt. Elle est surtout esthétique et évite que vous n'ayez à boire et à manger dans le verre. La bougie permet à celui qui décante d'observer le dépôt à travers le verre foncé. Vraiment utile ? Si on ne veut pas se manger du dépôt, oui ! Sinon, c'est surtout un cérémonial un peu classe pour se faire plaisir aux yeux. Certains conseillent pour « ranimer » un vieux vin de mettre dans la carafe quelques gouttes de porto avant de le décanter : réveil du zombie garanti, durant une petite demi-heure. Mais la carafe ne sert pas qu'à ça !

... OU OXYGÉNER

Si vous buvez beaucoup de vins jeunes, il faut absolument vous en procurer une. Elle vous servira à aérer le vin ce qui aura pour effets :

- « d'ouvrir » un vin « fermé » (un vin qui n'a pas ou peu de nez, qui livre peu d'arômes) ;
- d'atténuer le phénomène d'oxydoréduction (quand le vin sent le fennec mouillé, la cour de ferme, etc.) ;
- d'adoucir les tannins (surtout sur des vins rouges, du coup) ;
- d'assouplir des vins un peu trop boisés (blancs ou rouges) ;
- de donner une idée de ce que sera le vin dans quelques années.

BIEN LA CHOISIR

Contrairement à ce que l'on pense, on peut carafer tous types de vins, même les blancs, et même les champagnes. Ça leur fait en général un bien fou et libère leurs arômes.

Pour bien choisir une carafe, les premiers critères sont sa facilité de nettoyage et de manipulation, sa bonne tenue en main.

Pour une carafe à décanter, la forme importe peu : on la prend de préférence peu évasée, les vins « vieux » ayant moins besoin de contact à l'air.

Pour ce qui est des carafes à « oxygéner », on peut se lâcher sur les formes.

Plus sa base sera évasée et plate, plus elle offrira au vin une grande surface de contact avec l'oxygène, mais plus elle sera compliquée à nettoyer.
Une bonne carafe, c'est une carafe qu'on n'a pas peur de sortir : exit alors le cristal hyperfragile ou les formes folles des designers. *Less is more*.
Pour les vins blancs et les champagnes, pensez aussi qu'il faudra la maintenir au frais. Soit vous pouvez opter pour une carafe à décanter plus étroite qu'on placera aisément dans un seau avec de la glace, soit vous choisissez une carafe avec un réservoir à glace intégré.

TRUCS EN PLUS

Pour les carafes comme pour les verres, il vaut mieux éviter les liquides vaisselle parfumés, leur préférer des produits neutres et, de toute façon, toujours rincer abondamment à l'eau claire.
Pas besoin d'y mettre des sommes faramineuses, cela dit : sauf à vouloir le bel objet, courrez les brocantes, dévalisez Mamy, voire faites les grandes enseignes.
Vous y dégoterez ce qu'il faut à moindre coût : bonus, ça fera plus de sous à dépenser en vins !

LES NETTOYER : UNE CORVÉE ?

Il vous faudra de l'eau, un goupillon (pour nettoyer les biberons) et au choix :

- du vinaigre blanc et du gros sel : recette de grand-mère, le vinaigre blanc dilué dans un peu d'eau chaude est très efficace. Couplé au gros sel, il nettoie en profondeur, mais l'inconvénient de ce dernier est de pouvoir griffer les surfaces ;
- les pastilles pour dentier : méthode de la flemme, on laisse dissoudre une de ces pastilles, puis on met à tremper une nuit avant de rincer à l'eau claire ;
- plus surprenant, la bière : en préférant une pils. Là encore, on laisse tremper une nuit, puis on rince. La bière a un effet astringent et nettoyant sur le tannin. Bonus : ça marche aussi sur le palais, après une grosse séance de dégustation.

LES GADGETS AMUSANTS, UTILES…
ou carrément pas

82

QUAND ON COMMENCE À S'INTÉRESSER AU VIN, L'OFFRE EST IMMENSE, DES GADGETS À TOUT PETITS PRIX AUX OBJETS LES PLUS ONÉREUX. COMMENT SAVOIR CE QUI SERVIRA VRAIMENT, CE QUI RESTERA AU FOND DE L'ARMOIRE OU CE DONT ON NE POURRA BIENTÔT PLUS SE PASSER ?

LES PRATIQUES

- Le thermomètre n'est pas absolument indispensable, mais il peut aider à appréhender plus facilement les différentes températures de service.
- Le drop-stop, sorte de disque plastifié que l'on insère dans le goulot, sert à stopper la goutte. Relativement efficace, peu cher, personnalisable, c'est un must si on est un peu maladroit.
- Les manchons à refroidissement, quand on ne veut ou ne peut pas se servir de seau et de glace, sont très simples à utiliser. Astuce : en avoir deux. Pendant que l'un sert, l'autre refroidit au congélateur.

LES LUDIQUES

Des chaussettes à bouteilles qui permettent, en masquant totalement l'identité des vins servis, de jouer aux dégustations surprises. Plutôt rigolo à faire entre copains, surtout en incluant des « pièges » : vin rosé servi au milieu de vins blancs, etc. Un marqueur blanc à tableau peut également servir à marquer les carafes : idéal si vous servez deux vins ou plus en carafe, pour ne pas les confondre.

LES TECHNOS

La technologie s'invite de plus en plus dans le vin, quitte à proposer des systèmes comme la carafe électronique ou le service du vin automatisé en tubes. Sans préjuger des qualités de ces machines, on peut se demander si le rapport entre le prix demandé et le service qu'elles offrent vaut le coup.

Y a-t-il un ordre absolu DE SERVICE DES VINS ?

83

QUAND ON REÇOIT, ET QU'ON EST CENSÉS SERVIR PLUSIEURS VINS, ON A SOUVENT PEUR DE COMMETTRE UN IMPAIR OU UNE FAUTE DE GOÛT. POURTANT, QUAND ON PREND LE TEMPS D'Y RÉFLÉCHIR CINQ MINUTES, IL N'EST QUASIMENT QUESTION QUE DE LOGIQUE.

PROGRESSER

Les plats suivent une progression logique : les entrées froides avant les chaudes – qui sont généralement plus riches en goût – et en sauces. Le premier vin blanc, qu'il soit servi à l'apéro ou sur l'entrée, devra donc être plus léger que le second. Pareil si vous servez plusieurs rouges. Le sucre est plutôt réservé à la fin.
Si on suit l'école classique, on a ainsi un ordre pratiquement immuable :

- vins blancs légers et secs ou bulles ;
- vins blancs plus gras ;
- vins rouges légers ;
- vins rouges costauds ;
- vins doux.

BOUSCULER

Les règles sont faites – aussi – pour être transgressées de temps en temps. Pourquoi pas, par exemple, oser un blanc sur le fromage, même si vous venez précédemment de servir un rouge avec le plat ?
Avec de l'astuce, vous pouvez : en choisissant un rouge pas trop tannique sur le plat et un blanc très parfumé ou légèrement sucré, la transition sera moins dure. Avantage : la fraîcheur du blanc vous fera sentir moins lourd. Un rouge frais (pinot noir d'alsace) peut être suivi d'un grand blanc : le plus gros frein sera d'ordre psychologique.

LE PLAT, C'EST ROUGE !

Une idée reçue persistante que celle-là : le plat – qu'on ne nomme plus de « consistance », mais qu'on continue à considérer comme l'élément roi – doit être accompagné de rouge. Sinon, on n'a pas vraiment l'impression d'avoir coché les bonnes cases pour un repas réussi.
Si vos préparations sont au top avec du blanc, ne changez rien ! Et offrez plutôt un verre de rouge à la fin pour celui qui ne peut s'en passer – un peu comme un digestif.

La température, POUR LA FAIRE MONTER (OU DESCENDRE)

84

IL NE SUFFIT PAS DE BIEN SAVOIR CHOISIR DU VIN, OU D'ÊTRE BIEN CONSEILLÉ. IL FAUT ENCORE LE SERVIR À LA BONNE TEMPÉRATURE. TROP CHAUD, IL EST MOU ; TROP FROID, IL EST ÉTEINT OU SES TANNINS SE RESSERRENT. QUELQUES RÈGLES SIMPLES PERMETTENT DE NE PLUS SE PLANTER.

Pensez types

- Les vins blancs se servent entre 10 et 13 °C pour les plus complexes. Un vin blanc frais et simple sera servi plus frais qu'un vin évolué et ample. Au départ, pour pas jouer les kamikazes et estimer correctement les degrés, usez d'un thermomètre. Après quelque temps, ça deviendra une habitude.
- Les vins rosés se servent comme les blancs, avec une idée maîtresse : plus il est puissant, moins il doit être froid. Un rosé de malbec, par exemple, sera servi un peu plus haut en température qu'un rosé de gamay, parce qu'il possède plus de structure.
- Les vins rouges, selon qu'ils sont plus ou moins tanniques, se voient accorder l'autorisation d'être un peu rafraîchis, mais il faut prêter attention aux tannins. Plus il y en a, plus il faudra faire gaffe à ne pas descendre trop bas. Pourquoi ? Imaginons un homme plongé dans l'eau glacée et l'effet que ça produit sur ses attributs virils. Le vin, pareil : il rentre dans sa coquille. Les vins rouges légers (alsace, loire, beaujolais, par exemple) peuvent être descendus jusqu'à 14 °C. Pour les autres, de 15 à 18 °C, selon vos préférences, et c'est bon.
- Les effervescents : trop souvent, on entend *« Le champagne se boit frappé »*. Dans l'absolu, par une chaude journée d'été, ça pourrait se négocier, mais gardez à l'esprit que les effervescents sont des vins encore plus délicats en raison de leurs bulles et de leurs arômes subtils. Pourquoi donc les brutaliser ? Une température située entre 9 et 11 °C semble convenir à la plupart ; on peut pousser jusque 12/13 °C pour les cuvées d'exception.
- Les vins orange : ces vins particuliers, à la couleur orangée due à la macération prolongée d'un vin blanc avec ses peaux, comportent des tannins. Il ne faut donc pas les servir trop froids, pour les mêmes raisons que les vins rouges. Le bon truc : expérimentez ! Servez d'abord le vin à 10 °C, puis laissez-le remonter à température avant de le goûter de nouveau. Progressivement, vous verrez ses arômes se développer et le vin avoir d'autres caractères.

Pour maintenir la température

On peut soit :

> boire très vite, mais c'est pas bien du tout : car, dans ce cas, on est bourrés très vite aussi (Hagrid, la mazurka…) ;

> la maintenir dans un seau avec glace et eau, mais attention : la bouteille risque de continuer à perdre des degrés, donc la ressortir de temps en temps si on prend son temps, histoire que ça ne glace pas ;

> la maintenir dans un « seau » en terre cuite. Chic et pas cher, c'est l'astuce en or.

Comment rafraîchir

On ne met jamais une bouteille de vin, quelle que soit sa couleur, au congélateur. On traite le vin avec délicatesse et douceur.

1. Si le vin est conservé dans une cave fraîche, on s'adapte. Les rouges devraient quasi être bons, il suffit de les sortir de cave dix minutes avant de servir, histoire qu'ils reprennent 1 ou 2 °C. Pour les blancs, les effervescents et les rosés, on applique la méthode 2.
2. Si le vin a besoin d'être légèrement rafraîchi, on prend un seau, on le remplit d'un tiers d'eau, un tiers de glace, et paf, magie ! on patiente un poil et ce sera nickel. Une poche de refroidissement et au frigo 15/20 minutes fonctionne aussi.
3. La bouteille est à température ambiante (pas bien), voire laissée en plein soleil (très mal, vous mériteriez de vous coltiner Hagrid le demi-géant dansant une mazurka, nu, en persistance rétinienne). On est autorisé à utiliser le frigo : dans la porte, pas dans le bac à légumes. Une heure environ pour un blanc, rosé, effervescent : nickel. Trente minutes, voire moins, pour les rouges.

LES ACCORDS MAJEURS OU MINEURS : *règles de base*

86

FAIRE DES ACCORDS METS-VINS, C'EST SUPRA-COMPLIQUÉ, LAISSEZ ÇA AUX PROS. OU PAS : SI ON ACCEPTE QU'ON N'EST JAMAIS SÛRS DE RIEN ET QU'IL FAUT ACCEPTER DE SE LAISSER GUIDER PAR SON PALAIS ET SON CERVEAU, CE N'EST PAS TRÈS DIFFICILE ! SUIVEZ LE GUIDE.

La base

Soyez logique :

- suivez une progression croissante dans les goûts : on sert d'abord les vins les plus légers et les plus secs avant les plus riches et/ou puissants ;
- évitez de consommer des alcools avant de goûter des vins (exit donc la vodka-martini ou le whisky-soda). Pas de biture avant la dégustature !

Mais comment sait-on que certains vins vont aller avec un plat donné et pas d'autres ? Une part de science, une part de goût, une part de magie.

La science

Pour la science, prenons du poisson. On sait – au moins parce que je le dis, ainsi que plein d'autres gens très bien – que poisson + tannins = grosse cata. Goût métallique, ferreux, qui dessert aussi bien la pauvre poiscaille que l'infortuné pinard. C'est donc pour ça qu'on évite les rouges sur les poissons. Certains édictent ça comme une règle incontournable, ils n'ont pas tout à fait raison. Si on aime ça, le vin rouge ? Ou pire, si l'on déteste le blanc ? Il existe une stratégie d'évitement : prendre un rouge mais avec très peu de tannins puisque quand y a tannin, ça va, c'est quand y en a beaucoup que ça pose problème.
S'il existe des règles érigées depuis un certain nombre d'années, il ne faut pourtant pas rester figé. C'est vrai, les fromages, les œufs n'aiment pas bien le tannin. L'ail et le gingembre ont tendance à tuer les pinards les plus vaillants, les acidités des vinaigrettes donnent des aigreurs aux jus même motivés... Doit-on pour autant ne boire que de l'eau ? À vous de juger.

On respire

On va se décontracter tout de suite : ce n'est pas une science plusieurs fois centenaire et franco-française. C'est même très récent, le fait de considérer chaque plat de manière individuelle et selon ses ingrédients. Avant, le service des vins à table était conditionné par une seule chose : monter en puissance.
Astuce pour briller en société : racontez l'histoire du mariage foie gras-sauternes, servi traditionnellement en fin de repas et auquel il était impossible d'accoler autre chose qu'un très grand liquoreux.
Du coup, on peut franchement relativiser les accords classiques et desserrer sa cravate.

Observez

L'idée, c'est de déterminer l'élément principal : viande, poisson, œuf, légume. Lui, va donner un indice sur la couleur du vin. Ensuite, les garnitures les plus importantes : sauce, élément sucré-salé ou épicé. En fonction de ça, on peut régler le curseur. Par exemple, avec le même élément principal, de l'agneau : on peut aussi bien servir un vin rouge style pauillac (bordeaux) s'il est accompagné d'un jus et d'une garniture classique, ou bien un vin blanc de macération si l'agneau est cuisiné façon tajine avec coings, abricots et safran.

La clé : équilibrez !

L'idée : toujours chercher l'élément principal de l'assiette et la garniture la plus importante, et gérer en fonction. Un plat très épicé aimera peut-être un peu de fraîcheur : pourquoi pas chili con carne et vin rosé ? Le gras a besoin d'acidité : tartiflette et apremont, mariage d'amour. Une viande grillée adorera un beau rouge bien travaillé, avec des tannins fermes. Et pour le sucré-salé, jouez sur le sucre dans le vin ou, au contraire, accolez-y un vin parfaitement sec mais parfumé.

Soyez régionaux

Pas d'idée ? Pensez à la région d'où provient le plat : un cassoulet avec un vin du Sud-Ouest, le chou farci et un vin d'Auvergne...
La gastronomie d'une région se développe très souvent en parallèle avec ses vins.
Bien évidemment, cela marche si le plat vient d'une région viticole : pour les carbonnades flamandes, c'est plus compliqué.

À L'APÉRO, QUELLES SONT *les bonnes idées à picorer ?*

88

PRENDRE L'APÉRO, CE N'EST PAS BAFFRER COMME UN PORCELET MAIS, AU CONTRAIRE, PRÉVENIR SES PAPILLES QUE LE FESTIN NE VA PAS TARDER. ON ÉVITE TOUT CE QUI EST LOURD, TROP SUCRÉ OU TROP ALCOOLISÉ, C'EST UNE CHOSE. MAIS POUR QUEL TYPE DE VIN PEUT-ON OPTER ?

Le blanc sec

Un beau vin blanc sec, parfumé, du genre qui vous titille le nez et vous fait saliver, voilà la bonne idée. À fouiller du côté des vins de Loire : les chenins gourmands ; ou on dégotte un joli muscat alsacien – sans sucre, c'est important. Si, direct, l'orchestre sort la grosse caisse, on oublie vite le pauvre type qui joue du triangle : commencez piano ! Et pourquoi pas du rosé ? Après tout, ce sont de jolis vins quand ils sont bien faits : parfumés, fruités, frais, ils ont aussi toute leur place à l'apéro.

Exit les cocktails

Trop alcoolisés et lourds, on réserve ça aux soirées. Mais, à la rigueur, pour un truc un peu festif et facile à faire : un poil de crème de fruit (pomme verte, mandarine) au fond d'une flûte qu'on remplit de vin blanc. Variante du kir (aligoté et crème de cassis) qu'on peut décliner presque à l'infini selon les saisons : crème de châtaigne à l'automne, de rose au printemps, etc. On peut aussi jouer avec du vin rouge ou rosé et une crème de cerise, de mûre, de pêche…

Les bulles

Qu'elle soit champagne ou crémant, la bulle est toujours une excellente idée. Ces deux-là sont évidents, mais il ne faut pas négliger les autres, français ou pas… Prosecco et cava sont à la mode, pensez aussi à la blanquette-de-limoux, la clairette-de-die, voire aux pétillants naturels. Effervescents cool en degrés, ils ajouteront de l'originalité. L'idée, c'est du jus de raisin qui commence à fermenter et qu'on met en bouteille en emprisonnant ainsi le gaz formé lors de la fermentation : la bulle est là. Un petit passage au froid pour stopper la fermentation, si nécessaire, et on a un pétillant naturel, avec plus ou moins de sucres et d'alcool selon le stade d'arrêt de la fermentation.

Les vins mutés

À condition de leur préférer les versions contenant le moins de sucre, voire celles qui sont oxydatives, comme le sherry fino. Salin, tranchant comme une lame, cet apéro prisé des Anglais mais un peu passé de mode est délicieux avec des sardines juste grillées ou des fruits secs. Le sacro-saint porto de Mamy, le petit pineau de Tonton, quant à eux, sont des plaisirs un peu coupables qu'il serait bon de réserver à d'autres occasions que l'apéro : trop sucrés, on les massacre, ils sont glacés et peu mis en valeur. Dommage quand on connaît leurs qualités.

Faut-il choisir un ou plusieurs VINS POUR UN REPAS ?

89

LA RÈGLE DE CHOISIR PLUSIEURS VINS, POUR QUE CHACUN S'ACCORDE À UN PLAT PRÉCIS, EST EFFECTIVEMENT PLUS FACILE À SUIVRE. MAIS, POUR DIVERSES RAISONS, ON PEUT SE RETROUVER À NE SERVIR QU'UN SEUL TYPE DE VIN SUR UN REPAS COMPLET. ALORS, COMMENT FAIT-ON ?

Préparer !

C'est un repas à deux et vous ne vous voyez pas ouvrir plusieurs bouteilles ? Vos invités n'aiment que le vin rouge ou ne jurent que par le goût du blanc ? Pas de problème : on peut faire un repas avec un seul vin, à condition de préparer un peu le terrain et de penser son menu en fonction. Privilégiez des goûts qui seront de la même famille : si vous servez d'abord un saumon fumé puis du gibier, ça risque d'être compliqué.
En revanche, l'enchaînement carpaccio de bœuf et rôti vous permet de dégainer un rouge qui ira pas trop mal avec l'un puis l'autre.

Donnez un thème

Un menu qui décline le même élément cuisiné de plusieurs façons peut être une bonne idée. Exemple : salade de magret fumé puis un magret aux cerises avec un bergerac rouge, ou bien des coquilles-saint-jacques en carpaccio puis rôties au beurre avec un marsannay blanc. Ne vous prenez pas la tête : il n'est pas question ici de faire des accords parfaits, juste de trouver des goûts qui s'accordent au mieux. La pression, laissez-la à la bière.

Pensez astuces

Un vin rouge léger vous le semblera encore davantage s'il est un peu plus frais. Vous pouvez donc le rafraîchir pour le servir avec l'entrée, autour de 15 °C, puis le laisser remonter tranquillement en température jusqu'au plat : il pourra avoir changé de caractère, vous sembler même plus riche.
Jouez-la à l'envers : choisissez d'abord la bonne bouteille, peu importe sa couleur, celle qui vous fait plaisir, puis construisez votre menu autour. Une bonne façon d'accorder ce qu'on mange à ce qu'on boit, en restant sur un vin unique !

Sortir du rouge avec le fromage
ET EN VENIR AU BLANC ?

90

L'ACCORD CLASSIQUE C'EST FROMETON-VIN ROUGE. POURTANT, LES ARÔMES DE NOMBREUX FROMAGES (LAIT, FLEURS, FOIN, BEURRE, FRUITS SECS) SE RETROUVENT PLUTÔT DANS DES BLANCS. AJOUTEZ-Y CASÉINE, PEU FRIANDE DE TANNIN, ET GRAS : LA FRAÎCHEUR DU BLANC EST UN ATOUT !

INFINITÉ DE POSSIBILITÉS

L'astuce pour ne servir qu'un seul type de vin est de déterminer un thème pour le plateau : les chèvres, les bleus, les pâtes dures, etc. On peut aussi servir plusieurs vins : untel s'accordera avec le chèvre, l'autre avec les pâtes dures, etc. Une règle à adopter valable pour tous les fromages : l'accord de région est souvent le bon.

- Les fromages de chèvre jeunes, où l'impression sel n'est pas trop présente, adorent le sauvignon avec un original saint-bris (en bourgogne) ou un plus classique pouilly-fumé.
- Les pâtes molles encore marquées par les arômes lactiques, un peu gras, très doux, aiment les blancs demi-secs. Du cépage chenin, le vouvray est une merveille. En vin d'Alsace, votez gewurztraminer.
- Les pâtes pressées offrent l'avantage de pouvoir tester le plus d'accords selon la saison et les arômes qu'elles offrent : amusez-vous avec les vins du Jura, ou ceux du Sud-Ouest.
- Les fromages vieux : avec eux, on peut tenter l'aventure et essayer un vieux porto blanc avec des arômes de noix, d'amande caramélisée. Possibilité 2, plus classique : un beau chardonnay bourguignon, ample, gras, racé.
- Les bleus : on aura besoin de vin à plus ou moins forte personnalité mais, de grâce, pas de tannins ! Le sucre des liquoreux permet d'atténuer le sel, un beau sauternes patiné sur un roquefort est assez génial.

ET LE CHAMPAGNE ?

Ce n'est pas dans nos habitudes, mais marier champagnes et fromages est fantastique !

- Les pâtes pressées : cuites ou non, les pinots noirs bruts sont très à l'aise avec elles. Il faut juste penser à les prendre suffisamment vifs pour ne pas avoir la bouche pâteuse, mais pas trop pour ne pas provoquer une sorte de « cassure » entre le gras du fromage et l'acidité du vin.
- Les pâtes molles : les blancs de blancs règnent. Un peu dosés, ils exacerbent – surtout sur les croûtes fleuries – la douceur du fromage.
- Les pâtes fraîches : oui, on peut boire du champagne avec de la mozzarella. Essayez un peu du rosé bien fruité pour voir. Sur les chèvres, c'est plus ardu, mais le blanc de blancs non dosé est souvent le meilleur choix.
- Les pâtes à moisissures internes : un blanc de noirs bien vineux, un demi-sec, voire les cuvées rares de champagnes doux. Des curiosités qu'il faut découvrir : avec les bleus, un avant-goût de paradis.

LE VIN DE DESSERT
ou de fin de repas, y a le choix

91

CENSÉ ÊTRE L'APOTHÉOSE DU REPAS, LE DESSERT EST LE MOMENT QUI POSE SOUVENT PROBLÈME : QUE SERVIR POUR NE PAS ALOURDIR UN PLAT DÉJÀ SUCRÉ, MAIS AVEC SUFFISAMMENT DE GOÛT POUR NE PAS PASSER INAPERÇU ? DE L'ÉQUILIBRE ENTRE SUCRES, ACIDITÉS ET ALCOOL.

Du sucre

Oui, mais avec parcimonie. La bouche déjà saturée, est-ce bien la peine de la noyer encore plus ? Difficile de passer après des rouges très tanniques, certes, mais pas besoin non plus d'en faire des tonnes. Le tout est d'équilibrer : si le dessert est déjà très riche en sucre, choisissez un vin qui en contient un peu moins, ça ne pourra que vous faire du bien.

Selon l'ingrédient principal

- Au chocolat : le rancio, le caramel, le pruneau font merveille avec le chocolat noir. Du rivesaltes ambré au vieux porto, laissez-vous porter. On peut aussi servir un petit verre de rhum. Selon le taux de chocolat, moins il est affirmé, plus on ira vers un rhum agricole (Martinique, Guadeloupe), de paille/ambré à brun ; plus il est puissant et massif, plus on choisira un rhum de mélasse (Haïti, Guatemala ou Venezuela). Avec le chocolat au lait, plus sucré, pensez à rétablir l'équilibre : d'ailleurs, pourquoi pas servir des vins aux notes de café, comme des rasteau ? Pour le chocolat blanc, souvent marié aux fruits acides et/ou exotiques, restez dans ces notes : un jurançon doux ou un pacherenc-de-vic-bilh, parfait.
- Aux fruits rouges : vous pouvez vous permettre beaucoup de choses, un maury jeune et élevé en milieu réducteur, un joli crémant rosé sec et aromatique, ou pourquoi pas un vin rosé légèrement tendre comme un vin d'Anjou ?
- Aux fruits blancs ou exotiques : les muscats secs ou non, les gewurztraminers, voire les chenins, excellent avec tous les desserts à base de fruits.
- Les desserts à base d'œufs, comme les îles flottantes ou les crèmes brûlées, aiment en général peu les vins. Mais vous pouvez surprendre avec un madère de belle qualité ou un sherry oloroso, qui sont des vins puissants et très aromatiques.

Faites l'impasse !

Si vous ne mangez pas de dessert, pourquoi ne pas en profiter pour servir à la place un vin qui serait trop riche ou trop complexe pour faire l'accord ? Les grands liquoreux comme les coteaux-de-l'aubance, les vins blancs secs évolués comme les savennières, les rouges de grande classe aux tannins patinés ? Et les champagnes millésimés ou de Cuvées spéciales : salutaire en fin de repas, la bulle aux propriétés digestives permet de finir en beauté.

Cabernet Sauvignon GOÛTER le ba
BOUTEILLE végétale PICOLER
le crachoir les AOP OENOLOGIE !
MIAM Grands HERMITAGE boucho
Languedoc Châteaux millesime
FESTIF Du Rosé ! TONNEAU Moelleu
BIENVIEILLIR carafe BLANC du dépôt
des bulles La Robe Muscats
Barrique raisin BORDEAU
BRUT La Récolte Crémant ROUGE SUR BLANC
DU PARFUM Décanter verre ou crist
SOMMELIER VIN DE FRAN
DU PAIN DU VIN jamais le plais
DES COPAINS Languedoc en carafe au REPAS

SAVOIR RÉAGIR

POURQUOI LE VIN
ne sent-il pas toujours le raisin ?

94

CERTAINS VINS SENTENT LE RAISIN, NOTAMMENT LES MUSCATS. APRÈS, DANS LA PLUPART DES VINS, IL EST VRAI QU'ON NE RETROUVE PAS DES ARÔMES DE RAISIN, MAIS DE CERISE, DE CUIR, DE MOUFFETTE, D'ÉPICES… BREF, UN MONDE D'ARÔMES. COMMENT SE FAIT-CE ?

SUPER LEVURES

C'est très simple : la fermentation. Celle-ci agit au niveau chimique en transformant, notamment, les molécules aromatiques, ce qui explique les différences de sensation entre croquer un grain de raisin et goûter le vin dont il est issu. Les muscats, cependant, ont tendance à conserver leur caractère « raisin ». Ensuite, le vin évoluera dans des barriques et/ou des bouteilles. Là aussi, ses arômes – plus précisément les perceptions aromatiques – changeront. Tout est d'abord histoire de chimie interne, mais aussi d'échanges avec le milieu. Les barriques, la température, l'humidité, les bactéries, les levures, une installation de flor, agissent aussi et transforment le vin.

TOUT LE MONDE PEUT GOÛTER !

Mais tout le monde n'a pas la même sensibilité aux goûts et aux odeurs du vin : certains percevront très vite l'acidité ou l'amertume, tandis que d'autres auront un seuil de tolérance plus élevé. Ça et le fait – il ne faut jamais l'oublier – qu'un vin ne sent pas réellement la fraise ou l'abricot : c'est plutôt notre mémoire olfactive qui joue, rappelle au cerveau une analogie avec la senteur/saveur de la fraise ou de l'abricot, et nous fait identifier ça comme fraise ou abricot, par assimilation. C'est donc tout à fait normal que, pour une même bouteille bue au même moment par quatre personnes, ces dernières puissent donner des descriptions du vin un peu différentes.

LA SURPRISE DE L'ANNÉE

Du même cépage ou assemblage, de la même parcelle, fait par le même producteur, un vin peut être pourtant sensiblement différent d'une année à l'autre : c'est ce qu'on appelle « l'effet millésime ». Selon les conditions climatiques favorables ou non, la concentration en sucre plus importante, des acidités plus ou moins faibles, l'apparition de maladies, la prolifération des levures et des bactéries, les conditions de travail changent. Mais le plus important reste la dimension humaine : le vigneron. On dit souvent que ce sont les millésimes difficiles qui révèlent les meilleurs : c'est diablement vrai ! En tout cas, il ne faut pas avoir peur de trouver les vins un peu différents année après année : c'est bien tout leur charme.

Est-ce que le vin se périme ?
A-T-IL TOUJOURS UN MILLÉSIME ?

95

« C'EST DU 2008, C'EST PAS PÉRIMÉ ? » EST UNE PHRASE AUTHENTIQUE ET DÉJÀ ENTENDUE PLUSIEURS FOIS. POURTANT, L'ANNÉE MENTIONNÉE SUR LA BOUTEILLE N'EST EN RIEN UNE DATE DE PÉREMPTION, MAIS INDIQUE QUAND LE RAISIN A ÉTÉ RÉCOLTÉ : AUTREMENT DIT, LE MILLÉSIME DU VIN.

PAS DE PÉREMPTION !

Il n'existe pas encore de date de péremption ou de date limite de consommation sur les bouteilles de vin. Parfois, on trouve des indications comme « À consommer dans les 5 ans », mais ce n'est qu'une estimation, un conseil du producteur. La garde d'un vin dépend très fortement des conditions dans lesquelles il sera conservé : un vin qui passe sa pauvre vie sous les spotlights dans une pièce surchauffée ou bien un vin qui mûrit dans une cave n'auront pas la même espérance de vie. Ces mentions sont donc à prendre avec des pincettes.

ET LES SANS MILLÉSIME ?

L'année indiquée correspond à l'année de récolte du raisin, mais il n'est pas obligatoire de la faire figurer sur l'étiquette. En outre, même millésimé, il n'est pas forcément issu d'une seule année : une tolérance jusqu'à 15 % d'une autre année est admise.
Le plus célèbre des vins français non millésimé est le champagne : les « brut sans année » ou BSA sont en général issus d'un assemblage de plusieurs vins d'années différentes dans le but de garantir un goût stable.
Les vins qui ne font pas figurer de millésime sur leur étiquette ne sont pas forcément des vins issus d'assemblage d'années, attention. S'ils sont en *Vin de France*, par exemple, ils peuvent choisir ou non de faire figurer le millésime (s'ils veulent l'indiquer, il faut payer). Certains rusent donc : chiffres du millésime inscrits à l'envers, codes connus des initiés...

Bouteille qui pue,
BOUCHONNÉE, À PROBLÈMES : S.A.V !

PARFOIS, MÊME SI L'ON A LA CHANCE D'AVOIR UNE BELLE ET BONNE CAVE BIEN FOURNIE OU SI ON A PRIS SOIN D'ALLER CHEZ UN BON CAVISTE, LA BOUTEILLE NE CORRESPOND PAS AUX ATTENTES. GOÛTS BIZARRES, FRANCHEMENT DÉGUEULASSES, COULEUR VIRÉE : À L'ÉVIER ?

ELLE SENT LE MOISI

Ou encore la poussière, le liège. En bouche, c'est pourri, désagréable. Bingo ! La bouteille est bouchonnée : on prononce son décès, on rince bien les verres et on en ouvre une autre. Si la bouteille a été achetée récemment, on la garde. Il suffira de la ramener chez son caviste, qui devrait la remplacer gracieusement. Bon à savoir : la betterave, la terre mouillée, le moisi peuvent aussi venir d'une contamination par la géosmine.

ELLE FAIT DES BULLES

Certains vignerons laissent volontairement un peu de gaz, pour des questions de conservation. Le vin peut aussi refermenter en bouteille : la bulle sera accompagnée d'odeurs de levures. Attendre que le gaz s'échappe tout seul est une option, surtout si c'est un très léger « perlé ». Carafer en est une seconde : il faut surtout verser le vin sans précaution pour dégazer. Mieux encore, donner un coup de fouet en secouant énergiquement la carafe, un peu comme Tom Cruise dans *Cocktails*. De la mousse se forme : ce n'est pas sale, son corps change et le gaz part.

ELLE PUE

Cul de cochon, pet de lièvre, roustons de sanglier marinés dans la boue...
Souvent – pas toujours – ces odeurs fortes sont de la réduction. Ce n'est pas grave ni irrémédiable. C'est juste une réaction du vin, une sorte de crise d'ado. Le vin réduit, c'est comme le maroilles : certains l'adorent ultra-fait et puant, d'autres ont besoin de le tremper dans du café pour adoucir son piquant. Pour les becs plus délicats, il existe une solution toute simple à ces odeurs prononcées de réduction : la carafe.
Il faut offrir de l'espace au vin pour se défouler. Même méthode que pour la bulle indésirable : le carafage, c'est l'oxygène qui va « casser » l'effet réduction et redonner au vin son profil « normal ».

ELLE PUE MÊME APRÈS AVOIR ÉTÉ CARAFÉE

Il peut s'agir de contaminations levuriennes (*brettanomyces*) ou bactériennes, voire d'une conjonction des deux. Selon le seuil de tolérance qu'on a pour elles, les bretts, recherchées dans certaines bières, condamnent irrémédiablement le vin ou se laissent apprivoiser. Les goûts de « souris » (un goût marqué de croûtes de fromages en fin de bouche) s'atténuent en général après quelques mois de bouteille. Laissez reposer le reste de la caisse en cave. Si le vin est très acide, qu'il sent le vinaigre : votre bouteille est piquée, et pas des hannetons. À l'évier !

ELLE « COULE »

Sur le bouchon, quelquefois sur la capsule ou la cire, un liquide poisseux suinte. La bouteille est « couleuse » : dû le plus souvent à un changement brusque de température, cela peut n'avoir aucune incidence sur le vin. Ou pas. Là encore, sacrifiez-vous et goûtez-là.

Elle a viré de couleur

Un vin rouge qui passe à l'orange, ou un blanc au jaune poussin, est souvent signe de vieillissement, voire de décrépitude. Une seule solution : testez pour voir où il en est. S'il est maigre, fluet, très acide, s'il n'a presque plus de goût, il est probablement passé.
Dans ce cas, plutôt que de jeter, et si l'on est bien sûr que le vin ne présente pas de défauts de bouchon, cuisinez avec ! Marinades, cuissons longues, un petit coup dans une sauce…
Mieux : faites votre propre vinaigre !
Une bonbonne en verre, des fonds de bouteille, un peu de patience, et le tour est joué.

À bien retenir

Le vin est vivant : peu ou pas filtré, collé, la présence de levures conjuguées à un peu de sucre, ou tout simplement les phases d'évolution naturelle du vin (les oxydo-réductions), peuvent lui donner des profils différents d'un moment à l'autre. C'est ce qui en fait tout le sel. Du coup, quel que soit le nombre d'invités, on prévoit toujours au moins une bouteille supplémentaire en cas de souci. Ça évitera le moment de panique en cas de bouchon, ou de bouteille imbuvable.

Y A DU DÉPÔT ?
Et alors ?

LE DÉPÔT NE PRÉSENTE AUCUN DANGER POUR LE VIN OU POUR CEUX QUI LE BOIVENT, AU PIRE UNE IMPRESSION DÉSAGRÉABLE QUAND ON L'A SUR LA LANGUE. TOUTEFOIS, UN DÉPÔT TRÈS IMPORTANT SIGNIFIE PROBABLEMENT QU'IL Y A EU UN PROBLÈME DE MISE EN BOUTEILLE.

DEUX TYPES DE DÉPÔT

- Les cristaux qu'on voit bien mieux sur les vins blancs et qui sont de l'acide tartrique (pour faire joli, on dit « gravelle ») : l'acide tartrique est présent naturellement dans le raisin. Il précipite (se solidifie) quand il est soumis au froid. Ces cristaux n'apportent pas de goûts mauvais puisqu'ils font partie intégrante du vin.
- Les grosses poussières, de taille plus ou moins variable, gloubiboulga composé de cristaux, de débris de colorants, de tannins : c'est quelque chose de naturel, en aucun cas – idée reçue – la preuve qu'il y a des produits chimiques dans le pinard, ou que le vin n'est pas bon, ou qu'il est trop vieux.

MAIS D'OÙ ÇA VIENT ?

Assistons à la naissance du vin : les levures bossent, mangent le sucre. Une fois épuisées, elles se laissent tomber au fond de la cuve, avec les débris végétaux (reste de rafles, peaux, pépins). En transférant le vin de la cuve où il a fermenté à une autre cuve, ou aux fûts, on va déjà le débarrasser d'une partie de ces sédiments. Le vigneron conserve une partie de lies fines qui vont « nourrir » le vin puisqu'elles contiennent un tas de particules aromatiques et/ou colorantes. À la fin de l'élevage, c'est-à-dire à la commercialisation du vin, il peut choisir de se séparer de ces lies, en collant, filtrant, ou en laissant faire le froid. Dans ce dernier cas, les particules en suspension se déposeront dans le fond, et il pourra juste recueillir le vin « clair ». Certains vignerons laissent un dépôt volontairement : là non plus, il n'y a rien de grave. Le vin « dormant » en cave change : ses arômes, sa couleur, sa chimie interne évoluent. Les protéines qu'il contient, les tannins, les polyphénols réagissent entre eux. Moins il est collé, ou filtré, plus il y a de chances que se forme un dépôt, même s'il s'agit d'un vin jeune.
Parfois, certains vins sont troubles. Le « dépôt » reste en suspension. Est-ce que c'est mal ? Non ! Ce sont des protéines naturelles du vin non éliminées par collage.

QUE FAIT-ON ?

Rien ! Sachant que le dépôt n'est pas un défaut, on peut tout à fait le laisser dans la bouteille. Évidemment, on fera attention en servant le vin, surtout vers la fin de la bouteille. Si on est maladroit, ou qu'on a peur d'oublier, on peut décanter.

J'ai oublié d'acheter une carafe
OU JE VIENS DE CASSER LA SEULE QUE J'AI

99

CATASTROPHE ! CHAQUE PROBLÈME A SA SOLUTION : AVEC UN PEU D'ASTUCE, AUCUN N'EST INSURMONTABLE. SI MACGYVER POUVAIT FABRIQUER UN MOTEUR AVEC UN CHEWING-GUM ET DES ÉPINGLES À NOURRICE, ON PEUT BIEN TROUVER DE QUOI CARAFER SANS CARAFE, NON ?

JETEZ LES FLEURS !

Vous avez bien un vase à la maison ? Rincez-le abondamment à l'eau claire, versez un fond de vin que vous éliminerez, puis toute la bouteille. Cela paraîtra peut-être un peu bizarre au début mais, après tout, qu'importe le flacon...

AVOIR DU POT

Ni carafe, ni vase ? Ça devient plus compliqué, mais toujours pas impossible. Un pot-de-chambre décoratif ? Un seau de taille raisonnable ? Tout est bon s'il s'agit juste de donner un bol d'air au vin ; au pire, si l'aspect esthétique vous gêne, ou que vous craignez le regard interloqué des invités, vous pouvez laisser le vin s'oxygéner un bon quart d'heure, puis le transvaser dans la bouteille d'origine. Ni vu ni connu.

ÉPAULEZ, BUVEZ !

Une technique toute bête quand on veut aérer un vin sans pour autant le changer de contenant : l'épauler. Il suffit de prélever un verre dans la bouteille puis de la laisser, ouverte, respirer. Ainsi, on élargit la surface en contact avec l'oxygène de la valeur d'une pièce d'un euro environ si on se contente d'ouvrir la bouteille au diamètre d'une orange. Qui dit plus de contact dit plus d'aération. On peut en profiter pour déguster le vin ou sagement le laisser attendre dans le verre.

AÉRATEURS AU SECOURS

Manque de place ? Pas envie d'encombrer les armoires ? L'aérateur est fait pour vous. Il permet d'amener de l'oxygène au vin instantanément sans passer par une carafe. En revanche, il ne permet pas forcément de gagner beaucoup de temps, même s'il apporte plus d'oxygène en quantité. Certains plaisantins ont tenté de passer du vin au mixer : depuis, nous sommes sans nouvelles d'eux (ne faites jamais ça !).

J'AI UN INVITÉ VÉGÉTARIEN OU VEGAN : *que puis-je lui servir comme vins ?*

100

RÉPONDONS À L'ÉPINEUX PROBLÈME : LE VIN, C'EST PAS VÉGÉTARIEN/LIEN/VEGAN ? ISSU DE RAISINS, IL DEVRAIT L'ÊTRE. MAIS DES VENDANGES À LA VINIFICATION, ON PEUT FAIRE INTERFÉRER TOUT UN TAS DE PRODUITS (OU PAS) NATURELS (OU NON), Y COMPRIS D'ORIGINE ANIMALE.

Posons des colles !

L'étape qui pose le plus de problèmes aux végétariens et vegans est l'étape du collage, et donc les colles. Ces protéines, parfois d'origine animale, sont utilisées en quantités très faibles, voire négligeables. Si le vin est filtré après la colle, il est même très probable qu'il ne reste pas de résidus décelables, disent les labos. Cependant, il existe des pressions des consommateurs et de l'Europe pour faire figurer les intrants potentiellement allergènes sur les étiquettes. En théorie, en France, c'est obligatoire de faire mention de l'albumine, de la caséine ou des sulfites, sauf si on peut fournir une analyse disant qu'ils sont indétectables.

Certification *Vegan Wine* ?

Elle existe aux États-Unis, mais n'est pas reconnue en Europe. Certains vignerons, sans doute sensibilisés, communiquent là-dessus : pour être certain de ne rien ingérer d'animal, on peut toujours s'assurer de ne boire que des vins non collés. Se tourner vers les vins nature ou naturels semble être une bonne option, mais aussi investiguer du côté des bio non collés. Pour se rassurer complètement, et même se déculpabiliser : les vins non collés seraient plus riches en goût et plus vivants que leurs homologues filtrés et collés à donf'. Tout bénéf.

MÉMO

> L'ovo-lacto-végétarisme exclut la viande, mais autorise les végétaux et des aliments d'origine animale, comme le miel, les œufs, le lait ainsi que leurs produits dérivés.

> Le végétalisme interdit la consommation de produits et sous-produits d'origine animale.

> Le pesco-végétarisme regroupe ceux qui ne mangent pas de viande mais tolèrent cependant le poisson.

> Le veganisme exclut la consommation de produits et sous-produits d'origine animale, les évite aussi pour se vêtir ainsi qu'à des fins de loisirs, cosmétiques, etc.

En cuisine !

En cuisine « classique », l'élément viande ou poisson est au centre de l'assiette ; la cuisine végé, elle, doit être prise dans sa globalité. Avec un examen attentif des textures (moelleux, craquant, gluant, onctueux), des herbes et épices et de l'effet général du plat (léger, gras, relevé). Tous les vins sont permis, des très secs et minéraux aux doux, en passant par tous les types de rouges. Il suffit d'un peu d'imagination. Les plats riches en légumineuses sont nombreux et ils adorent la compagnie des tannins des vins rouges. La cuisine végétarienne, qui autorise le fromage, est évidemment l'alliée des vins de Savoie, du Jura, de Loire, de Bourgogne, j'en passe et des meilleurs. Des plats où dominent la coriandre, la menthe, le persil, la ciboule aiment la compagnie de blancs secs, vifs et parfumés : muscats secs, chenins, vous voilà bien. Les épices qui mettent le feu s'adouciront avec des rosés structurés ou des rouges légers (gamay, grolleau ou cabernet franc de Loire, pinot noir).
Les seuls bémols sont le gingembre et l'ail : utilisés en grande quantité, ils désossent (ha ha !) la plupart des vins. Le mieux, c'est de faire au moins pire : soit on en met moins, soit on « sacrifie » un vin léger et fluet juste pour faire glisser sans attendre l'accord parfait.
On peut jouer les contrastes, comme des plats très épicés servis avec des vins doux. On n'oublie pas les bulles, qui font merveille sur les entrées légères. Les rosés secs viennent à point sur une salade fraîche.
L'important, au-delà des dogmes et des « bonnes façons » de boire, c'est essentiellement de se faire plaisir. Pourquoi ne pas tenter un curry de légumes bien relevé avec un chardonnay léger, comme un chablis ?

En garde ! COMMENT MISER SUR LE BON CHEVAL ET CONSERVER DU VIN ?

102

TOUS LES VINS N'ONT PAS LA CAPACITÉ DE VIEILLIR, ET CERTAINS VINS NE SERONT JAMAIS AUSSI BONS QUE BUS JEUNES. POUR D'AUTRES, UN TEMPS CERTAIN DE REPOS LES REND SUBLIMES. COMMENT SAVOIR ALORS CE QU'ON PEUT METTRE EN CAVE ?

Un bon vin de garde

La conservation en cave et le vieillissement ne concernent pas que les vins rouges : les blancs, les moelleux, certains rosés peuvent s'épanouir après quelques années. Pour les vins effervescents, c'est plus compliqué : le risque le plus grand est qu'ils perdent de la bulle.
Le vieillissement est une chose mystérieuse et en aucun cas une science. On n'est jamais sûr qu'un vin va « bien » vieillir. On peut supposer que certains vins vont être à l'épreuve du temps, mais ça reste une projection qui se base parfois sur l'expérience des cuvées antérieures, ou des avis des aînés. On considère que le vin vieillit en pente ascendante jusqu'à un certain point où il est considéré le « meilleur », y reste un poil, puis périclite. Mais c'est comme dans tout ce qui a trait au vin, fortement subjectif (sauf bouteille morte car madérisée, piquée ou oxydée).
Un vin qui vieillit bien doit garder la fraîcheur de sa jeunesse, du fruit, tout en développant les arômes uniques du vieillissement. Les tannins devront être adoucis, l'élevage fondu. Exit les vins qui sentent toujours la vanille après 10 ans…

Bien conserver !

Ce qui aide un vin à se maintenir en forme dans le temps, c'est l'alcool – qui joue le rôle de conservateur –, l'acidité – une sorte de colonne vertébrale –, le tannin ou le sucre pour les blancs ou rouges doux. Pour qu'un vin vieillisse bien, c'est une histoire d'harmonie entre ces facteurs-là. Un vin très tannique mais sans acidité vieillira mal, par exemple. Le vieillissement diffère fortement selon les conditions de stockage. Cave humide, à température stable et fraîche, pas de vibrations, et le pinard vieillira assez lentement. Si conservé à côté d'une gazinière, sous la lumière directe, le jus va vite rider.

Plus cher, le vin de garde ?

Onéreux ne veut pas forcément dire « de garde » : certains vins très chers s'écroulent sous les 10 ans, alors que d'autres, au prix plus modeste, sont magnifiques. Toutefois, peu de chances de trouver des vins qui vieilliront exceptionnellement bien en dessous de 5 euros, par exemple. Comptez, dans les régions qui ne sont pas très spéculatives, une bonne dizaine d'euros minimum, une grosse vingtaine pour les autres. Le vin « de garde » est souvent plus cher, car il subit un élevage plus long, donc plus de temps d'immobilisation, et bénéficie souvent d'un soin tout particulier.

Bon pour tous ?

C'est important : il faut aimer boire les vins évolués. Une habitude qui se perd un peu : sans forcément le budget ou la place pour faire vieillir du vin, les consommateurs se tournent vers des vins faits pour être bus jeunes. Leurs palais habitués au fruit éclatant de ces vins sont un peu perdus quand ils perçoivent des arômes d'évolution. Ce n'est ni bien ni mal : les choses changent, c'est tout. Apprendre à déguster de vieux vins est possible : les aimer est un autre problème.

ACHETER MALIN !

Chaque revue, chaque guide du vin, édite en général son tableau des millésimes : on peut s'y référer pour mieux orienter ses achats. C'est important, par exemple, de savoir que telle année a été particulièrement pluvieuse ou ensoleillée : les conséquences sur le raisin, et donc les vins, se feront ressentir. Mais d'autres facteurs entrent en jeu : l'art du vigneron, qui même sur un millésime difficile peut sortir un grand vin, les conditions de stockage et de vieillissement.
Si vous achetez des vins déjà évolués, vous ne connaissez pas forcément l'histoire de ce stockage : c'est un risque à mesurer. Quant à savoir à quel moment il faut boire les vins de garde, un seul conseil : quand un vin vous plaît, buvez-le. Il est sans doute préférable de boire un vin un peu trop jeune que de devoir le mettre à l'évier car il est passé.

Conserver du vin sans cave

OU FRIGO-CAVE : PAS IMPOSSIBLE !

104

LÀ OÙ VOUS VIVEZ IL N'Y A PAS DE CAVE OU ELLE EST MAUVAISE ? VOUS VIVEZ EN APPARTEMENT ET N'AVEZ PAS BEAUCOUP DE PLACE ET/OU PAS DE BUDGET POUR UNE CAVE À VIN RÉFRIGÉRÉE ? CE N'EST PAS UNE RAISON POUR VOUS PASSER TOTALEMENT D'ACHETER ET DE CONSERVER DU VIN.

Le yo-yo, c'est bon pour Tata

Pas pour le vin ! L'idéal est une cave sombre pour le préserver des UV, humide pour garder les bouchons de liège bien hermétiques, et à température de préférence fraîche (entre 10 et 13 °C) et stable, surtout ! Mieux vaut conserver un peu plus « chaud » mais constant que de passer de 5 à 35 °C sans arrêt. Le vin a besoin de zen, d'ombre et d'éviter tout ce qui est vibrations.

Du bois, du gravier

Repérez l'endroit le plus frais, le plus aéré de votre pièce. Le couloir ? Sous la fenêtre ? Là, dégottez des caisses en bois et du gravier. Remplissez vos caisses bois d'un tiers de gravier, arrosez abondamment. Le gravier va maintenir un certain taux d'humidité.
Déposez-y vos bouteilles, et une autre caisse par-dessus. Le tour est joué. Pensez à arroser de temps en temps le gravier.

Une cave DIY

**Avec un humidificateur à cigares, à dénicher sur le net : il s'agit d'un dispositif, électronique ou non, qui permet de doser le degré d'humidité. On enferme cet appareil dans une armoire et hop ! Pensez à virer linge et tout ce qui est fragile. Ce sera juste pour le vin, il sera bien.
Chez les revendeurs de cigares, on trouve aussi des sachets à imbiber d'eau distillée qu'on peut placer dans les caisses/une armoire en lieu et place du gravier.
Ce sont évidemment des solutions de bricole et sans doute pas ce qu'il y a de mieux pour des gardes longues. Mais pour quelques mois, c'est tout de même mieux qu'à côté de la plaque chauffante, et puis ça n'encombre pas le frigo.**

COMBIEN DE TEMPS PEUT-ON *conserver une bouteille ouverte ?*

105

IL ARRIVE QU'ON AIT JUSTE ENVIE D'UN VERRE, ET PAS PLUS, SANS POUR AUTANT DISPOSER DU FORMAT DE BOUTEILLES ADÉQUAT OU D'UN BAG-IN-BOX. ALORS, QUE FAIT-ON DE CETTE BOUTEILLE ENTAMÉE ET COMBIEN DE TEMPS PEUT-ON LA GARDER SANS QU'ELLE EN PÂTISSE ?

DANS TOUS LES CAS

> **Ne jamais laisser une bouteille sans bouchon : sauf cas exceptionnels, peu de chances d'avoir de bonnes surprises.**

> **Conserver de préférence au frigo (au minimum à l'abri de la lumière, et le plus au frais possible).**

> **Penser au Bag-in-Box : il permet de conserver le vin de façon durable et pratique. Si vous avez l'habitude de consommer un verre en cuisinant, par exemple, c'est une solution à envisager.**

ÇA DÉPEND

Certains vins sont déjà « familiarisés » avec l'oxygène, il ne leur fera plus grand-chose. C'est le cas des vins de voile ou jaunes du Jura, de certains vins mutés (comme les portos tawnies). Eux, peuvent être conservés facilement au frigo, jusqu'à plusieurs semaines.
Les vins blancs sucrés sont en général un peu moins fragiles que les blancs secs.
Les effervescents risquent surtout de perdre la bulle. De toute façon, la meilleure place pour une bouteille entamée est le frigo : bien bouchée, évidemment. Y compris pour le vin rouge : il suffira de penser à le sortir assez tôt du frigo afin qu'il reprenne un peu de température avant de le boire.

LES AIDES

- Les bouchons : il existe sur le marché un tas de bouchons, des plus stylés aux plus techniques. Ils rendent la bouteille plus ou moins hermétique : idéal si on ne souhaite conserver le vin qu'un jour ou deux.
- La pompe à vide : outil pratique si on a l'habitude de ne pas consommer des bouteilles entières, il sert à s'assurer d'une certaine « inertie ». Le vin se conservera un peu plus longtemps, jusqu'à une semaine.

Le vin nature :
UN TRUC DE BOBOS ?

TOUTE DISCUSSION SUR LE VIN NATUREL ABOUTIT FORCÉMENT À L'UNE OU PLUSIEURS DE CES PHRASES. PLUTÔT QUE D'EN PLEURER, JOUONS : À CHAQUE FOIS QUE L'UNE D'ENTRE ELLES EST PRONONCÉE, ON COCHE UNE CASE. UNE LIGNE REMPLIE, ET C'EST GAGNÉ !

Y A QUE DES FILLES À LA SOIRÉE : *on boit du rosé ?*

107

IL PARAÎT QUE LES FEMMES AIMENT DES VINS FÉMININS : ROSÉS, SUCRÉS, DOUX. LE MARKETING, QUI NOURRIT LES CLICHÉS, N'Y EST PAS ÉTRANGER, À L'IMAGE DES CHAMPAGNES ROSÉS QUI SORTENT DU BOIS CHAQUE ANNÉE POUR LA FÊTE DES MÈRES. DÉMONTONS CES IDÉES REÇUES.

De l'éducation

Le goût des petites filles et des petits garçons n'est pas valorisé de la même façon. Alors qu'on encourage et propose spontanément aux demoiselles bonbons et chocolat, les bonshommes doivent manger de la viande pour devenir forts. Un clivage qui n'est pas sans conséquences sur le goût des adultes. Les hommes rechigneront souvent à goûter du rosé, un vin pas franchement « viril », tandis qu'une femme qui boit un rouge tannique est incongrue. Ajoutons-y les clichés sur les vins plus clairs, donc moins caloriques, combinés à l'injonction de ne pas grossir faite aux femmes… De grosses bêtises qui perdurent dans la pub.

Et pourtant

Un palais de femme n'est pas différent de celui d'un homme. Nous avons exactement les mêmes papilles : c'est la façon dont elles ont été sensibilisées qui diffère. Le goût est physiologique, mais surtout il est influencé par la culture, le milieu dans lequel on vit. D'où vient alors la réputation des femmes meilleures dégustatrices ? Celles-ci sont plus encouragées à verbaliser, à exprimer leurs émotions : elles mettent plus vite des mots précis sur une dégustation. D'où cette réputation bien exagérée de « sensibilité », voire de « finesse » féminine.

Men's world ? Plus tellement !

Les vigneronnes sont nombreuses, seules ou en couple. Délicats, légers, diaphanes, les vins de femmes ? Parfois, pas toujours et pas seulement. À l'aveugle, il est très difficile de déterminer le sexe de l'auteur(e) d'un vin. Il est même amusant de voir des vins d'hommes être qualifiés de « féminins », et vice versa. La diversité des profils des vigneronnes influe évidemment sur leurs productions : elles font des vins qui leur ressemblent, et qu'elles ont envie de boire.
Les autres métiers du vin ne sont pas en reste. Sommelières journalistes, œnologues, blogueuses : les femmes sont de plus en présentes dans le monde réputé si masculin du vin. Et le futur s'annonce assurément encore plus paritaire : plus de 50 % des diplômés en œnologie sont des diplômées. Une représentativité accrue qui pourrait bien sonner le glas du fameux goût féminin et, avec lui, du mythe du vin féminin.

Si on surveille son poids,
PEUT-ON TOUT DE MÊME BOIRE DU VIN ?

LE VIN CONTIENT DES MINÉRAUX, DES POLYPHÉNOLS, DES ACIDES, DES TANNINS, DE L'EAU, DU SUCRE ET DE L'ALCOOL. ET, ÉVIDEMMENT, DES CALORIES ! FAIT-IL GROSSIR ? PEUT-ON EN CONSOMMER SANS UN ŒIL SUR LA BALANCE ? LES VINS BLANCS SONT-ILS MOINS CALORIQUES ?

BOIRE PEU, MAIS BON !

Mégasurprise ! Pour ne pas prendre de poids, il ne faut pas se priver totalement de vin, mais préférer limiter la quantité. *« C'est l'excès répété de calories par rapport à ce que nous dépensons qui fait grossir. Il vaut mieux diminuer sa consommation progressivement si elle est responsable d'une prise de poids »*, confie Ariane Grumbach, diététicienne et nutritionniste. Est-ce que boire du vin blanc a moins d'impact qu'un vin rouge ? Et les vins sucrés, sont-ils pires que les secs ? *« Pour le type et la couleur, il convient de s'en remettre à ses préférences, aux mets du repas et aux conseils de son/sa caviste préféré(e). Si les vins moelleux ou liquoreux sont un peu plus caloriques, pour les autres, les différences sont assez insignifiantes. Quant aux bénéfices santé mis en avant par certains médecins, ils ne doivent pas être une justification ! »* affirme-t-elle. Le vin est – et doit rester – un moment de plaisir, convivial, et peut donc tout à fait, à dose raisonnable, être inclus dans une alimentation équilibrée.

CONSEILS BONUS

> Boire tranquillement : lorsqu'on prend le temps de savourer son repas, on diminue naturellement la quantité ingérée. Pareil pour le vin.

> Toujours commencer par boire un grand verre d'eau, qui permet de se désaltérer avant d'attaquer le pinard.

> Réserver le vin aux repas festifs ou aux week-ends permet de fixer une limite.

> Si c'est un plaisir, un verre chaque jour lors du repas n'est pas une folie.

JE SUIS ENCEINTE : *le vin sans alcool est-il une bonne idée ?*

109

COMME SI LA GROSSESSE N'ÉTAIT PAS DÉJÀ SUFFISAMMENT LONGUE, ET PARFOIS PÉNIBLE, UN CERTAIN NOMBRE D'INTERDITS ALIMENTAIRES PÈSENT SUR LES FEMMES. AUXQUELS ON AJOUTE, BIEN ÉVIDEMMENT, L'INTERDICTION DE CONSOMMER DE L'ALCOOL, VIN COMPRIS.

C'EST QUOI LE VIN SANS ALCOOL ?

Contrairement à la croyance populaire, ce n'est pas du jus de raisin, mais du vin désalcoolisé. Bon à savoir, un vin désalcoolisé n'est jamais totalement sans alcool : il peut en contenir des quantités minimes (au-dessous de 0,5 %).
La désalcoolisation s'effectue :

- soit par évaporation : chauffé sous vide à basse température puis placé au froid, le vin va décanter naturellement ; les éléments les plus légers vont, comme l'alcool, remonter. Il « suffira » de soutirer en prenant garde à éviter le dessus de la cuve ;
- soit par osmose inverse : un procédé qu'on utilise aussi pour dessaler l'eau.

Le vin ainsi trituré ne contient pratiquement plus d'alcool, moins de calories, mais surtout moins de goût, ce qui sera rectifié en ajoutant arômes, colorants et sucre... Pour se donner bonne conscience, certains utilisent la stévia, un édulcorant végétal.
L'alcool fait aussi partie de la structure et de l'équilibre du vin : l'enlever, c'est forcément devoir corriger.

ET C'EST BON ?

Franchement non. Au-delà des diverses opérations nécessaires, des produits qu'on y ajoute, au goût, ce n'est pas et ce ne sera jamais du vin : un ersatz, tout au plus. S'il est préférable d'attendre quelques mois pour retrouver le plaisir d'un bon verre de vin, une solution peut être de s'offrir un vrai jus de raisin. Plein de vignerons en font d'excellents, parfois en y ajoutant un peu de gaz carbonique pour l'effet bulles. Bourré de sucres mais plein de vitamines : plaisir garanti !

Quel vin mettre en cave
À LA NAISSANCE DU PETIT DERNIER ?

110

POUR FÊTER LES FUTURS ANNIVERSAIRES, METTRE EN RÉSERVE LE VIN DE L'ANNÉE DE NAISSANCE EST UNE BONNE IDÉE. MAIS QUEL TYPE DE VIN CHOISIR QUAND ON A DANS LA TÊTE D'OUVRIR CETTE BOUTEILLE AVEC EUX, POURQUOI PAS POUR LEURS DIX-HUIT ANS ? LE CHOIX EST LARGE.

Cas n° 1 : 0-18 mois

Il est né cette année (courage, la première année est la plus dure : après, c'est pire) ou il a moins de 2 ans ? C'est bien de s'y prendre tôt : cela dit, trouver déjà des vins susceptibles de se garder va être un peu compliqué. Car, évidemment, ils risquent d'être toujours en élevage. Et même, très certainement, pas encore nés ! Le conseil est donc d'attendre encore un petit peu : cela ne veut pas dire rester inactif, il est possible de tâter le terrain chez un caviste et de voir avec lui ce qui serait adapté.

Cas n° 2 : 2-5 ans

L'enfant a entre 2 et 5 ans, c'est la meilleure période pour trouver des vins de moyenne à longue garde dans son année de naissance. Des pistes ? Pour une garde longue, on peut privilégier des rhône-nord rouges (saint-joseph, brézème, crozes-hermitage, hermitage si on a le budget), des bordeaux, certains vins du Sud-Ouest ou du Roussillon.
Le vin rouge, c'est le plus évident : tout le monde aime ça, non ?
Pour les blancs, il faut aimer la patine, et donc le goût qu'ils prennent en vieillissant : c'est particulier. Des arômes de fruits secs, la perte du fruit frais des premières années, du côté un peu massif pour certains... Alsace, bourgogne, loire et jura vieillissent en général bien.
On peut aussi envisager les champagnes millésimés, mais attention, en vieillissant ils perdent de la bulle. À vous de voir si cela vous dérange ou non.

Cas n° 3 : il a plus de 5 ans

Il sera peut-être compliqué de trouver son année de naissance. Si votre caviste n'en a plus : Internet ! Certains sites sont spécialisés dans la vente d'anciens millésimes.
Astuce de pro : quand on achète une bouteille hors cadre habituel, d'un millésime un peu avancé, on peut vérifier quelques petites choses :

- pas de présence de coulure (un résidu du vin devenu épais sur la capsule, à l'extérieur de la bouteille, signe d'une mauvaise conservation, et donc d'éventuels mauvais goûts) ;
- un bon état général mais une étiquette tachée d'humidité est un meilleur signe qu'une étiquette trop propre ;
- pas de perte de niveau : en général due à une trop grande porosité du bouchon.

Cas n° 4 : c'était une mauvaise année

Il y a toujours une solution, même dans un millésime réputé difficile.

- Les vins sucrés : on n'y pense jamais, mais un vin moelleux peut tenir remarquablement dans le temps. Qu'ils soient issus de vendanges passerillées ou botrytisées, c'est une bonne idée. Sauternes, vouvray moelleux, coteaux-du-layon, jurançon, pacherenc-de-vic-bilh...
- Les mutés : les banyuls, les maury, les rivesaltes ou, hors France, un porto vintage (un type de porto millésimé qui peut/doit vieillir en bouteille)...
- Les vins oxydatifs, vin de voile qu'on trouve, par exemple, en languedoc, en roussillon ou en sud-ouest, voire en loire, et bien entendu le vin

jaune. Ces vins-là résistent au temps : après, tout est histoire de goût. Certains ne se font jamais à leurs arômes de cire, de confit, d'amande et de noix… D'autres adorent. Avant d'en mettre en cave, essayez !

Faites confiance

Vous pouvez, bien sûr, lire les comptes rendus de millésimes dans les guides, pour vous faire une petite idée. Mais si vous avez la chance d'avoir un caviste compétent près de chez vous, laissez-vous faire, les yeux quasi fermés : il connaît – pour les avoir dégustés – les vins qu'il vend. Il sera le plus à même de trouver celui qui conviendra le mieux à votre situation et à vos goûts.

Dernières astuces

Je suggère toujours d'acheter deux bouteilles plutôt qu'une seule, au cas où un souci de bouchon se présenterait. Si c'est possible, et selon le budget/le choix, le magnum (double bouteille) vieillit plus lentement et mieux. Pour la conservation de vos flacons : au frais, à température constante, à l'humidité, dans le noir, à l'abri des vibrations, et couchés pour garder l'humidité du bouchon.

Bordeaux chiant
ET BOURGOGNE ACIDE : DES CLICHÉS !

112

CELA A PU VOUS ÊTRE SOUFFLÉ PAR UN ONCLE, UNE AMIE, OU N'IMPORTE QUEL « CONNAISSEUR » : DES PHRASES DÉFINITIVES QUI ASSASSINENT UNE RÉGION VITICOLE ENTIÈRE À COUPS D'IMAGES TOUTES FAITES. LA PLUPART DE CES IDÉES SONT FAUSSES : FAISONS-EN LE TOUR.

L'ALSACE DONNE LA MIGRAINE !

Une réputation étrange qui tient sans doute à la forte production de vins blancs. Ces derniers causeraient plus de maux de tête que les rouges. La faute aux sulfites ? Pourtant, de plus en plus de vignerons utilisent le SO_2 en doses extrêmement faibles, voire pas du tout ! Autre idée reçue : les vins d'Alsace sont tous sucrés. Si longtemps cela a été une mode, le sec revient en force : saluons d'ailleurs les vignerons qui indiquent le sucre résiduel sur leurs étiquettes, cela évite les déconvenues.

BORDEAUX, DES VINS POUSSIÉREUX

Bordeaux a longtemps eu une image ambivalente : entre prestige des grands crus et une production de masse de châteaux « à façon » où il était difficile de trouver des vins autres que lisses, voire franchement pénibles. Pourtant, un autre monde est possible : celui des vignerons qui redynamisent les terroirs, travaillent à retrouver un fruit un peu perdu en route, sans nier complètement la tradition. Hors les grands crus, et les bouteilles aux prix stratosphériques qui ne représentent qu'un pourcentage minime de la production, de très belles surprises et des vins modernes se cachent dans toutes les appellations de bordeaux.

LES LOIRE SENTENT LE PIPI !

Tous les blancs de sauvignon sentiraient le pipi de chat – quand on est poli, on parle de « bourgeon de cassis » : halte à la généralisation ! Pour ça, un peu de chimie : ce cépage renferme des molécules bien particulières, les thiols. Inodores tant que le raisin est entier, elles réagissent lors de la fermentation et surtout en présence des levures. Leur dégagement aromatique est dépendant de la souche ou de l'espèce de levures. On parle des « arômes variétaux ». Ceux-ci pourront être, selon la vinification et la patte du vigneron, très présents ou pratiquement absents : le pipi n'est pas une fatalité, donc !
Pour l'arôme de poivron sur les rouges de cabernets, c'est aussi une molécule, la pyrazine, courante sur ces cépages, qui en cas de sous-maturité pointe le bout de son nez. Là encore, ce n'est pas une fatalité !

LE SUD-OUEST, C'EST RUSTIQUE

Une image de vin rouge rustaud, riche en tannins qui tient sans doute en deux mots : *black wine*. Les Anglais l'ont découvert vers 1152 quand Aliénor a débarqué. Désarçonnés par ce vin couleur encre, riche, habitués qu'ils étaient aux vins pâlots, ils l'appellent le « vin noir ». Cette image est restée. Pourtant le Sud-Ouest ne peut se résumer à cela : il offre une variété de vins formidables, des blancs secs et nerveux aux doux, des rouges de caractère à des vins de soif tendres et souples. Autre avantage : beaucoup de cépages qui sont peu répandus, voire inconnus ailleurs, subsistent dans cette région. Mauzac, len de l'el, fer servadou, ondenc, négrette, à l'abordage !

TOUTES TOUCHÉES

Les vins du Jura sentent l'encaustique, les vins de Savoie sont tout juste bons à éponger la tartiflette, les vins de Moselle font des trous dans l'estomac, les vins du Languedoc sont riches en degrés, mous et manquent d'originalité, les vins de Bourgogne sont toujours trop chers et acides... Toutes les régions en prennent pour leur grade. Pourtant, en dégustant, en fouinant de-ci, de-là, on se rend compte que la plupart de ces clichés sont infondés.

EN BREF

Ne restez jamais sur un a priori, que ce soit pour une région, une appellation, un cépage. Une mauvaise expérience ne doit pas dégoûter à tout jamais d'un type de vin : la bouteille pouvait être défectueuse, le vin mal réalisé. Vous pouvez détester le gamay jusqu'à ce que vous dégottiez celui qui vous plaira, ne pas raffoler des muscadets jusqu'au moment où vous tombez sur une perle ! L'important est de rester ouvert : il n'y a que les imbéciles qui ne changent pas d'avis.

Livres, blogs, guides :
À QUELS EXPERTS SE FIER ?

114

HORS LES VIGNERONS, QUI SONT CONCERNÉS AU PREMIER CHEF PAR LE VIN, IL EST UN MONDE D'EXPERTS : COMPOSÉS DE DÉGUSTATEURS PROS, DE JOURNALISTES, DE BLOGUEURS, PARFOIS UN PEU DE TOUT ÇA. ONT-ILS TOUJOURS RAISON ? FAUT-IL N'ÉCOUTER QU'EUX ?

LISEZ VARIÉ !

Il faut consommer 5 fruits et légumes frais par jour, pour une alimentation équilibrée, dit-on. Pour le pinard, c'est pareil : si vous voulez des infos de qualité, variez les sources. C'est le meilleur moyen de recouper les notes de dégustation, de savoir aussi bien ce qu'il se passe dans le vin naturel que dans les grands châteaux de Bordeaux et de relativiser. Antonin Iommi-Ammunategui, journaliste et auteur, abonde dans ce sens : *« Le vin est affaire de goût, de préférence, et les experts sont d'abord des experts (et des promoteurs) de leur propre goût. Il y a tant de styles de vins, parfois radicalement différents, voire opposés, que se fier aveuglément à un "expert" est forcément casse-gueule. On n'est d'ailleurs plus "expert" dès l'instant où on porte un verre de vin à sa bouche, mais seulement critique, avec la part importante de subjectivité que cela suppose. En bref, il ne faut pas hésiter à remettre en question son avis, ce n'est qu'un interlocuteur, certes un peu plus averti et sûr de lui, mais son avis n'a rien de sacré. »*

LES MAGAZINES SPÉCIALISÉS, PLUS POINTUS ?

Composés de journalistes et d'experts formés à diverses écoles, parfois diplômés d'œnologie, de sommellerie, leurs expériences différentes, leurs âges, leurs parcours offrent une multitude de profils. Certains sont spécialisés en dégustation, d'autres s'intéressent plus aux vignerons au travers d'interviews ciblées, d'autres à la topologie des vignobles. Ensemble, ils offrent un panorama d'ensemble des vignobles français et même mondiaux. Ils savent décrire tel ou tel arôme, tel ou tel état, la façon dont le vin va évoluer dans le verre. Les infos qu'on y trouve sont fiables.

LES BLOGS : PRO OU NON ?

Un média n'est pas forcément moins sérieux qu'un autre : le print n'est pas nécessairement meilleur que le web. Certains blogs sont des concentrés de précisions techniques, ou brillent par leur intelligence de plume et d'analyse : pourtant, ils ne sont pas forcément tenus par des pros du vin. Cela n'enlève rien à leur qualité, et offre même une certaine indépendance de ton et de choix de vin qui est précieuse. Le web – via les blogs ou les réseaux sociaux (Twitter, Facebook, Instagram) – permet à tous

PARODIQUE !

Le monde du vin et ses acteurs n'échappent pas à la caricature. Ils sont croqués en bande dessinée (*Glougueule* de Michel Tolmer), déclinés en compte twitter (*Le Glourafi*) ou bien en sites web comme *Terre de Vinasse* ou *La Revue des gros vins de France*. La porte ouverte à toutes les vannes : tous les petits et grands travers des dégustateurs et des vignerons y sont explorés. Un souffle d'impertinence qui fait du bien et relativise les discours parfois formatés du milieu.

de partager son avis sur un vin, voire un vigneron. Avec, ce qui est tout de même particulier au support, un effet bad buzz amplifié en cas de mauvaise surprise.
Ce qu'on y trouve le plus souvent, en plus des bouteilles dégustées, ce sont des avis en général bien plus tranchés que dans les magazines : c'est toute la force des blogs.
Les blogs de vignerons sont une espèce à part : la plupart du temps, ils y parlent de leur production, de leur travail, mais aussi – c'est ce qui y est le plus intéressant – de leurs ressentis.

Bouquins, bédés : explorez !

Qu'ils soient très pédagogiques, scolaires ou légers, une foultitude de livres excelle à parler du vin. Parfois avec un ton décalé, romancé, ou sous forme de « chroniques », baladez-vous dans les rayons des libraires, n'hésitez pas à vous faire conseiller. La bande dessinée ou les mangas ne manquent pas non plus de ressources pour vous aider à mieux appréhender le monde du vin : vous n'y trouverez que peu de « dégustations » ; en revanche, pas mal d'histoires et d'humain.

Le vin, ça s'explique : COMMENT ET À PARTIR DE QUEL ÂGE ?

116

LE VIN N'EST PAS QU'UN PEU D'EAU, DE SUCRE ET D'ALCOOL : C'EST AUSSI DE L'HISTOIRE, DE LA GÉOGRAPHIE, DE L'ART, DE LA LITTÉRATURE, DE LA POLITIQUE ET UNE FAÇON DE COMMUNIQUER AVEC LE GENRE HUMAIN. DES SAVOIRS QUI PEUVENT ÊTRE ACQUIS TRÈS TÔT.

BAIGNÉ DEDANS

On pense tous à ces fêtes de famille où, minots, on a trempé un doigt dans le verre du Pépé : la façon la plus facile d'aborder le vin est d'avoir la chance d'avoir des parents passionnés et connaisseurs, et surtout désireux de transmettre ce qu'ils savent. Pas seulement du goût du vin, qui intéressera peu les jeunes palais, mais de tout ce qu'il y a autour : sa fabrication, comment du jus blanc peut donner un vin rouge, ou un raisin « pourri » du liquoreux... Petit, on expérimente beaucoup par le toucher : sentir des grains de raisin, le rugueux d'un cep, mettre la main dans la terre et les cailloux du vignoble peuvent être des façons d'appréhender le vin relativement tôt.

À QUEL ÂGE ?

Pas question, évidemment, de faire boire de jeunes enfants : à partir de 6 ans, des ateliers de dégustation de jus de raisin différents existent, des tours au vignoble « spécial enfants ». De façon générale, montrer l'exemple est une excellente éducation : si le vin est pour vous un plaisir, qu'il amène à la gaieté et à la découverte, votre enfant le comprendra et, plus tard, le partagera. Sans jamais forcer : faire de petits jeux où il apprend à sentir les épices, les fruits dans des boîtes mystères, par exemple, sont de bons moyens de comprendre ce qu'est une dégustation.

ET PLUS GRANDS ?

Les cours de biologie et de chimie deviennent plus vivants si on les applique au vin : comprendre le cycle d'une vigne, comment fonctionnent les levures, le mécanisme de fermentation. Des conséquences très pratiques qui encouragent à la curiosité. Les cours d'histoire ne sont pas en reste : la migration des cépages est un domaine passionnant, par exemple. Sans oublier, de temps en temps et selon l'âge, l'autorisation de déguster (et de cracher), pourquoi pas.

ADULTE, C'EST TROP TARD ?

Il n'est jamais trop tard pour bien faire ! L'essentiel est de garder un esprit ouvert, curieux, et d'accepter que plus on apprendra, moins on en saura. Le désir d'apprendre se nourrit du plaisir qu'on y a pris : le monde du vin est en perpétuelle évolution, les AOP changent, les techniques s'affinent, de nouvelles découvertes sont faites, des cépages qu'on pensait disparus reviennent... Le mieux est la pratique, même si elle ne peut pas se dispenser d'un minimum de bagage technique. Heureusement, les sources sur le vin se multiplient : loin des anciens ouvrages rébarbatifs, on peut apprendre le vin en toute décontraction.

Apprendre à cracher

En observant des adultes participant pour la première fois à une dégustation, il se produit toujours le même phénomène : devant le crachoir, ils sont tétanisés. Peur de mal faire, d'être ridicules, de cracher à côté... Comme pour tout le reste, il suffit de s'entraîner pour prendre confiance en soi. Avec de l'eau, chez vous, à l'abri des regards, dans l'évier. Une fois la technique parfaitement au point, plus aucune crainte de se tacher.

Faire équipe ?

L'idéal est d'avoir un mentor : ami(e), personne de la famille, copain qui s'y connaît et peut vous initier. Mais si ce n'est pas le cas ? Pourquoi ne pas fonctionner en équipe de débutants ? Vous êtes deux, ou plus, et vous voudriez apprendre ? Lancez-vous des défis mutuels, faites des dégustations ensemble, en aveugle même. Projetez un voyage dans un vignoble, ou inscrivez-vous à un des clubs de dégustation qui pullulent désormais partout. La culture vin peut être de la culture club ! À ce sujet, n'ayez jamais peur de dire ce que vous pensez sans vous laisser influencer : cela ne pourra que faire progresser tout le monde. Il est parfois dommage de ne pas oser donner son avis : c'est le vôtre, il est donc pertinent et légitime.

Conclusion : Haut les Verres !

(J'aurais pu me contenter de ça en guise de conclusion, non ? Mais la loi Évin – et la santé publique – m'oblige à modérer mes propos et à vous rappeler de toujours consommer avec plaisir et modération, ce qui prend de la place à table !)

LE SEUL CONSEIL VALABLE : *soyez curieux !*

119

LE VIN S'APPREND BIEN ÉVIDEMMENT EN LISANT DES MAGAZINES, EN FOUINANT DANS LES BIBLIOTHÈQUES OU SUR LE NET, MAIS SURTOUT, AU CONTACT : VIGNERONS, PROS PARTAGEURS, POTES PASSIONNÉS, IL N'Y A PAS DE MEILLEURE ÉCOLE QUE CELLE DE PARTAGER UNE BOUTEILLE DE VIN AVEC DES AMIS.

RENCONTREZ !

Allez voir des vignerons chez eux, dans leur jus. Allez salir vos bottes, allez cracher dans leurs caves – dans des seaux, nous ne sommes pas des sauvages –, allez les écouter. Ma main à couper que vous en reviendrez peut-être le coffre chargé, mais surtout la tête pleine d'histoires et de sourires. Sans eux, sans elles, qui triment à l'année, qui espèrent, qui se plantent, qui recommencent, qui s'inquiètent, qui jubilent, rien ne serait possible. Les bougres sont attachants. Vous verrez, vous tremblerez avec eux quand il grêle, vous pleurerez les dégâts, vous penserez à eux en buvant leurs vins. Vous serez à deux doigts d'engueuler ce jeune qui veut raccrocher ; vous suivrez cet autre qui a entrepris de défricher une vieille parcelle, ou celui-là qui se bat pour réimplanter de vieux cépages oubliés.

DÉCOMPLEXEZ !

Vous n'aimez que les vins blancs doux ? Que les rosés ? Vous n'arrivez pas à apprécier les vins oxydatifs ? Et alors ? Aucune importance : c'est tout de même vous qui le buvez, ce vin que vous aimez. Vos goûts sont absolument les vôtres, tant pis s'ils ne vous semblent pas correspondre à ce qu'il « faudrait ». Et qui sait s'ils resteront figés ? Mon premier vin oxydatif, je l'ai goûté avec un sommelier. Il était très fier de me faire découvrir ce vin de Loire : j'avais l'impression d'être punie à devoir boire de la cire liquide. Des années plus tard, mon palais et mon goût ont évolué : j'adore maintenant ce type de vin. Comme quoi, rien n'est perdu, jamais.

LES FAMILLES D'ARÔMES *et les couleurs des vins*

120

bla

IL EXISTE, POUR VOUS AIDER À DIFFÉRENCIER LES VINS ET À MIEUX LES DÉCRIRE, DES FAMILLES D'ARÔMES. CELLES-CI VOUS AIDERONT À MIEUX FORMULER, MAIS AUSSI À BIEN COMPRENDRE LE VOCABULAIRE DES PROFESSIONNELS. QUANT AU NUANCIER, PAS BESOIN D'EXPLIQUER !

LES FAMILLES

Les quatre plus courantes :

- Florale : pivoine, aubépine, jasmin, rose. Toutes les fleurs familières ou plus exotiques peuvent entrer dans cette catégorie.
- Végétale : mousse, herbe, foin, champignon, buis. Selon les vins et l'effet recherché, cela peut être considéré comme bien ou non.
- Fruitée : cerise, fraise, framboise, pêche, prune, cassis, mangue, ananas, litchi, agrume. Probablement la famille d'arômes la plus simple à identifier, car elle est pour nous bien connue.
- Épicée : poivre, vanille, cannelle, girofle. Des odeurs en général chaudes et plus ou moins dominantes.

Et d'autres qui complètent :

- Balsamique : résine (comme dans le retsina), térébenthine...
- Animale : viande, gibier, fourrure, cuir. Selon leur intensité, elles peuvent être perçues comme indésirables ou non.
- Empyreumatique : brûlé, fumé, grillé, tabac...
- Lactée : beurre, yaourt.

Parfois, des odeurs de vernis ou de colle, de gouache, peuvent apparaître, en général signe de contaminations ou de vins déviants. Du géranium ou de la carotte peuvent se ressentir également, plutôt comme un défaut.

TILLEUL
JAUNE PÂLE
PAILLE CLAIR
PAILLE DORÉE
JAUNE D'OR
ORANGÉ
AMBRE CLAIR
AMBRE FONCÉE
ÉGLANTINE
PELURE D'OIGNON
SAUMON
CERISE
POURPRE VIOLET
GRENAT JEUNE
GRENAT SOMBRE
TUILÉ

Pour s'entraîner à goûter, RIEN DE TEL QUE JOUER !

LE VIN EST UN DOMAINE TRÈS SÉRIEUX DANS LEQUEL IL NE FAUT SURTOUT PAS SE PRENDRE AU SÉRIEUX. POUR DEVENIR DE PLUS EN PLUS PRÉCIS EN DÉGUSTATION, ET AUSSI PASSER UN BON MOMENT TOUT COURT, IL EST POSSIBLE DE FAIRE DES TESTS TRÈS LUDIQUES !

Un peu de bricolage

- Des boîtes d'allumettes ;
- des épices, des fleurs séchées, du tabac, du thé, du café…
- on peut aussi imprégner des cotons d'huile essentielle, de mandarine ou de lavande, par exemple.

Ultra-simple : on remplit les boîtes avec les différentes senteurs, bien séparées. On fait de petits trous pour permettre de sentir et on inscrit au-dessus un numéro.
Chaque joueur prend un papier, sur lequel il indique ce qu'il pense avoir identifié et le numéro correspondant. Il ne restera plus qu'à vérifier qui a le meilleur nez.

Goûter à l'aveugle

Les yeux bandés, déguster pomme, poire, coing, ananas, n'est pas si facile que ça en a l'air : une bonne façon de se rendre compte combien la vue joue un rôle dans la perception des goûts ! Plus on devient fort à ce jeu, plus on peut le compliquer : identifier divers types de fromage, par exemple.

Déguster sans boire

- 4 bouteilles d'eau ;
- du sucre, du sel, du vinaigre blanc, du tonic (sans le gin).

Le préparateur verse dans des bouteilles numérotées, respectivement, sucre, sel, vinaigre et tonic, dilués dans l'eau. Il faut évaluer la dose pour que la saveur soit perceptible, ni trop puissante ni trop faible. Ensuite, chacun goûtera ces eaux « trafiquées » et notera ses impressions. Intéressant pour comparer son « palais » à celui des autres : les sensibilités à l'amer ou l'acide peuvent varier très fort d'un individu à l'autre.

La chaussette

Il existe de vraies « chaussettes de dégustation » en magasin : toutefois, vous pouvez en improviser une en recouvrant la bouteille de papier-alu ou bien en utilisant une chaussette dépareillée dont vous couperez les orteils. Il suffira ensuite de l'enfiler sur le vin « mystère ».
Seule la personne qui a préparé la bouteille sait de quel vin il s'agit. Il peut bien sûr, au fur et à mesure, livrer des indices quant à son contenu. Pensez à intervertir les rôles de temps en temps, histoire que tout le monde joue.

Les verres noirs

Se procurer des verres noirs opaques n'est pas très compliqué : il en existe dans plusieurs gammes de verres à vin.
Ils permettent de faire des dégustations encore plus pointues : par exemple, servir un vin rosé et un vin blanc à la même température dans deux verres noirs. Où est le blanc ? Pas toujours si évident à déterminer. Drôle aussi, on peut servir le même vin dans les deux verres : combien découvriront le pot aux roses ?

Comparez

Chaque participant doit amener une bouteille du même cépage : imaginons que ce soit du pinot noir. Vous pourriez bien goûter du bourgogne – avec tous ses crus – mais aussi du vin d'Alsace, d'Australie, du Languedoc, de Nouvelle-Zélande, des États-Unis... Une manière ludique de voyager. Il est possible aussi de donner un thème : « les vins d'altitude », « les cépages rares »...

Faire des paires

Sur une assiette, disposez de petites portions d'aliments (bien différents, c'est plus drôle). Un exemple ? Du chocolat, du pâté, du fromage, un morceau de poisson fumé, une asperge, des olives. Au préalable, vous aurez choisi plusieurs vins, eux aussi avec des profils variés (un blanc sec + un blanc doux + un rosé + un vin rouge léger + un vin rouge tannique, par exemple).
Le jeu consistera à tout goûter et à associer aliment et vin formant les meilleures paires. Les résultats peuvent être surprenants : l'accord préféré de l'un n'est pas obligatoirement celui de l'autre.

Sortez !

Les bars à vin sont des endroits géniaux : on peut y déguster différents vins pour des sommes raisonnables (sauf exception). L'occasion de découvrir, de se faire conseiller et de passer une bonne soirée. Avec une assiette de fromages ou des tapas, c'est cool et détendu. Et c'est sans doute bien meilleur qu'un demi tiède avec des cacahuètes douteuses dans n'importe quel café.

Des cadeaux originaux
POUR CEUX QUI AIMENT LE VIN

124

POUR CHANGER UN PEU DU MATÉRIEL OU DES LIVRES, QU'OFFRIR À QUELQU'UN QUI AIME LE VIN, DÉBUTANT OU NON ? VOICI QUELQUES PISTES : ELLES POURRONT VOUS SERVIR À TROUVER LE BON CADEAU OU SERONT À METTRE SOUS LE NEZ DE VOS PROCHES, FÊTES ARRIVANT...

UN LIVRE DE CAVE !

D'accord, il s'agit toujours d'un livre. Mais ce sera au destinataire du cadeau de le remplir : pour peu qu'il possède déjà une cave ou qu'il ait le projet d'en avoir une, c'est très utile. Ce carnet permet de consigner les entrées et sorties de cave, de noter des impressions de dégustation et de savoir exactement ce qu'on a sur ses étagères. Il peut être sous forme papier, à l'ancienne : en général, le bel objet est privilégié. Certains logiciels existent aussi : voilà de quoi contenter le penchant des férus du rangement.

DE L'ART !

Bon nombre d'artistes réalisent des œuvres thématiques sur le vin. Des peintures très classiques aux sculptures, le choix est très très vaste. Certains utilisent le matériel propre aux vignerons (douelles de fût, barriques entières peintes ou transformées en mobilier). Des expos se tiennent, conciliant vin et art, le plus souvent au sein même des châteaux et domaines.
De quoi faire d'une pierre deux coups.

LA MAIN VERTE !

Pourquoi ne pas offrir un plant de vigne, voire deux, histoire de voir des cépages différents évoluer selon la saison. Si l'on a affaire à un amoureux/une amoureuse du pinot noir ou du chardonnay, ça peut être un joli clin d'œil, non ? La culture en pot est tout à fait possible : pas besoin donc de grands espaces, un coin de terrasse ensoleillé suffit.
À défaut, le parrainage d'un ou plusieurs pieds de vigne est une chouette idée : en principe, il sert au vigneron à financer du matériel ou la plantation d'une nouvelle parcelle, par exemple. Vous parrainez donc une vigne pour un an ou plus : en échange, vous recevrez une ou plusieurs bouteilles tous les ans, selon les modalités du soutien financier.

ŒNO-VOYAGEZ !

Organiser une journée dégustation, voire un séjour, chez un vigneron, ça le fait. L'œnotourisme se développe un peu partout, avec des offres très diverses : circuits complets dans un vignoble avec hébergements compris, chambres d'hôtes chez le vigneron, randonnées à travers les vignes...
Il y en a pour tous les goûts et les budgets.

Le discours de l'Oscar
QUE JE N'AURAI JAMAIS (DU COUP, JE LE FAIS ICI)

Écrire un livre, un vrai, est une grande aventure et elle ne se réalise pas sans quelques coups de main, coups de pied au cul, conseils et soutiens.

À Mila et Ugo qui m'ont supportée dans les deux sens : je vous aime, mes poulets rôtis.

À Laurent, qui a eu l'extrême intelligence de ne me donner aucun conseil.

Un énorme et sincère merci à toute l'équipe d'édition. Si le livre est si beau, c'est grâce à eux : Séverine à l'édition, Claire à la maquette, Yann au dessin, Margo à la relecture…

À vous lecteurs, lectrices de la Pinardothèque, c'est beaucoup de votre faute si on en est là ! Vous avez fait énormément en lisant, commentant, me poussant à m'améliorer.

Bises à François « Mister Bourgogne live », je n'oublie pas tes relais précieux.

Des big up à Christophe grand maître ès levures, à David « Cassoulet » pour sa patience infinie, à Antonin et Ariane les experts sympas, à Julien bêta-lecteur de qualité, à Gaëlle-Marie pour les conseils stratégiques, à maman Nath, à Julien le ninja, à Thierry « The Boss » et à Julia qui n'a rien fait mais c'est pour la beauté du geste.

Merci à tous les gens du vin et à tous les copains qui, d'une façon ou d'une autre, m'ont poussée à m'interroger, m'ont fait rire et douter, ou juste encouragée.

Et puis, plus que tout, à tous les vignerons, partout, les passionnés, les défricheurs, les entêtés, ceux qui nous offrent tous leurs rêves en bouteilles : continuez de nous régaler !

Index

Crédits photographiques :

P. 13 : Illustration © Rozol/fotolia – Cadre : ©tolgatezcan/fotolia - Photo © avirid/fotolia – **pp. 14-15 :** © Rasulov/fotolia – **p. 20 :** © xy/fotolia – **p. 21 :** © Luigi Giordano/fotolia – **p. 25 :** © avirid/fotolia – **p. 26 :** © Ronald Hudson – **p. 28 :** © trotzolga/fotolia – **pp. 34-35 :** © donfiore/fotolia – **pp. 38-39 :** © rungrote/fotolia – **p. 40 :** © Javier Castro/fotolia – **p. 41 :** © mr Anderson/fotolia – **p. 43 :** © Butch/fotolia – **p. 45 :** Illustration © Thomas Bethge/fotolia – Photo © Walenga Stanislav/fotolia – **pp. 58-59** : © mstaniewski/fotolia – **pp. 62-63 :** © Nitr/fotolia – **p. 69 :** © Annykos/fotolia – **pp. 72-73 :** © Thomas Pajot/fotolia ; © Africa Studio/fotolia – **p. 81 :** © Bartkowski/fotolia – **pp. 84-85 :** © krasyuk/fotolia – **pp. 86-87 :** © oocoskun/fotolia – **p. 90 :** © Ruzanna Arutyunyan/fotolia – **p. 91 :** © razoomanetu/fotolia – **p. 94 :** macondos/fotolia – **pp. 100-101 :** © Thaut Images/fotolia – **p. 101 :** © Dragonimages/fotolia – **p.103 :** TTstudio/fotolia – **p.107 :** © Africa Studio/fotolia – **p. 108 :** © ykordik/fotolia – **p. 109 :** ©_chupacabra_/fotolia – **pp. 116-117 :** © Yeko Photo Studio/fotolia – **p. 117 :** © nyul/fotolia **pp. 122-123 :** © yuliyagontar/fotolia

Pour l'éditeur, le principe est d'utiliser des papiers composés de fibres naturelles, renouvelables, recyclables et fabriqués à partir de bois issus de forêts qui adoptent un système d'aménagement durable.
En outre, l'éditeur attend de ses fournisseurs de papier qu'ils s'inscrivent dans une démarche de certification environnementale reconnue.

Direction Hachette Pratique : Catherine Saunier-Talec
Responsable d'édition : Stéphane Rosa
Édition : Séverine Corson-Schneider
Responsable artistique : Antoine Béon
Textes : Sandrine Goeyvaerts
Illustrations : Yann Le Dluz

Conception de la couverture : Nicole Dassonville
Conception intérieure : Claire Mieyeville
Correction : Margo Vitrac
Fabrication : Isabelle Simon-Bourg
Responsable partenariats : Sophie Morier
(smorier@hachette-livre.fr)

Dépôt légal : septembre 2016
7899082/ 02
ISBN : 978-2-01-396292-6
Imprimé par Cayfosa en Espagne en février 2017

Avertissement
Alcool : adoptez un comportement responsable !
Comme vous le savez, l'abus d'alcool est dangereux pour la santé ; consommez avec modération.
Nous vous recommandons de consulter les sites officiels d'information, notamment ceux consacrés aux risques liés à la consommation d'alcool. Vous y trouverez des informations légales et pratiques précieuses.